insel taschenbuch 5075

Erasmus von Rotterdam

Die Klage des Friedens

Im kriegs- und konfliktgebeutelten Europa verleiht Erasmus von Rotterdam 1517 der Friedensgöttin Pax eine Stimme: Ihre Klage über den heillosen Zustand der Welt ist zugleich Anklage der Mächtigen und Aufruf eines jeden Einzelnen dazu, die verheerenden Folgen von Krieg und Gewalt nicht hinzunehmen. Sie erinnert daran, die Hoffnung auf Frieden nicht aufzugeben und sich allen politischen Wirren zum Trotz für Versöhnung und Frieden einzusetzen, statt mit Waffen durch Dialog, Vernunft und Menschlichkeit.

Mit scharfsinniger Kritik und humanistischem Idealismus stellt dieser klassische Text die drängende Frage nach Frieden in einer von Auseinandersetzungen geprägten Welt – und ist damit heute von erschütternder, doch wegweisender Aktualität.

Desiderius Erasmus von Rotterdam, geboren um 1466, war ein niederländischer Gelehrter. Er gilt als der bedeutendste europäische Humanist des 16. Jahrhunderts und als Wegbereiter der Reformation sowie der europäischen Aufklärung. Sein Werk umfasst 444 Bücher und Schriften der Philosophie, Philologie und Theologie. Die bekanntesten – *Das Lob der Torheit* und *Die Klage des Friedens* – zeugen von seinem Engagement für Dialog, Frieden und humanistische Werte. Erasmus von Rotterdam verstarb 1536 in Basel.

Kurt Steinmann, geboren am 1945 in Willisau, Schweiz, ist Altphilologe und übersetzt aus dem Altgriechischen und Lateinischen. Er wurde mit verschiedenen Preisen für seine Übertragungen ausgezeichnet, u.a. dem Kunst- und Kulturpreis der Stadt Luzern, dem Paul Scheerbart-Preis und dem Johann-Heinrich-Voß-Preis.

Erasmus von Rotterdam

Die Klage des Friedens

Übertragen und herausgegeben
von Kurt Steinmann

Insel Verlag

Dieser Text ist erstmals 2001 im Insel Verlag erschienen (it 2787).

Klimaneutral
Druckprodukt
ClimatePartner.com/14438-2110-1001

Erste Auflage 2024
insel taschenbuch 5075

Umschlaggestaltung: Brian Barth, Berlin
Druck: CPI books GmbH, Leck
Printed in Germany
ISBN 978-3-458-68375-9

www-insel-verlag.de

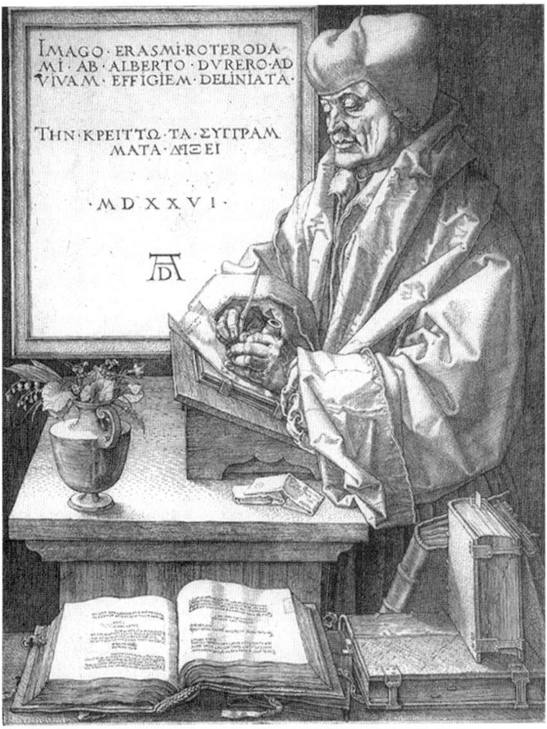

Erasmus von Rotterdam
Kupferstich von Albrecht Dürer
1526

Die Klage des Friedens

INHALT

QUERELA PACIS UNDIQUE GENTIUM EIECTAE PROFLIGATAEQUE

DIE KLAGE DES FRIEDENS DER VON ALLEN VÖLKERN VERSTOSSEN UND NIEDERGESCHLAGEN WURDE

DER FRIEDE SPRICHT:

Wenn sich die sterblichen Menschen von mir, obwohl ich es zwar nicht verdiene, abwendeten, mich verstießen und niederschlügen, dies aber doch ihrem Interesse diente, würde ich nur das Unrecht an mir und ihre Rücksichtslosigkeit beklagen. Da sie mich nun aber niedergestreckt haben und damit sogleich den Quell allen menschlichen Glücks von vornherein von sich fernhalten und sich ein Meer von vielfältigen Plagen aufhalsen, muß ich nun mehr über ihr Unglück als über mein erlittenes Unrecht weinen, und ich sehe mich darum genötigt, jene zu bedauern und zu bemitleiden, denen ich lieber nur gezürnt hätte! Denn es ist in jedem Fall unmenschlich, einen Liebenden von sich fortzustoßen, es ist undankbar, sich von einem Wohltäter abzuwenden, es ist gewissenlos, den Begründer und Erhalter von allem zu mißhandeln. Und scheint es nicht geradezu der Gipfel der Tollheit, sich selbst die vielen außerordentlichen Segnungen, die ich mit mir bringe, zu versagen und dafür aus freien Stücken ein so widerwärtiges vielköpfiges Ungeheuer herbeizurufen, das tausendfältige Übel gebiert? Es ist richtig, sich über Verbrecher zu empören; doch die derart von Furien Gehetzten können wir nur beklagen. Sie sind gewiß aus keinem anderen Grund mehr zu beklagen, als daß sie sich selbst nicht beklagen, und sie sind um so unglücklicher, weil sie ihr eigenes Unglück nicht wahrnehmen, zumal es ja doch schon der erste Schritt hin zur Genesung ist, die Schwere der eigenen Krankheit zu erkennen. Wenn ich also wirklich jener Friede bin, der von Götter- und Menschenstimmen zugleich gepriesene Quell, der Schöpfer und Ernährer, der Mehrer, der Beschützer aller Güter im Himmel und auf Erden, wenn ohne mich nichts je gedeihlich, nichts sicher, nichts rein oder heilig, nichts den Menschen angenehm und den Himmlischen willkommen ist: wenn im Gegensatz zu alledem der Krieg ein für allemal ein wahrer Ozean jeglichen Übels ist, das es überhaupt in der Natur geben kann, wenn durch seine Schuld plötzlich das Blühende welkt, das Angesammelte zerfällt, das Gefestigte wankt, das Wohlgegründete untergeht, das Süße bitter wird, wenn der Krieg schließlich etwas so Unheiliges ist, daß er sich wie eine Pest im Nu auf jegliche Frömmigkeit und Religion auswirkt, wenn nichts für die Menschen tragischer ist als bereits ein einziger Krieg, nichts den Himmlischen verhaßter – dann frage ich beim unsterblichen Gott: Wer mag da glauben, daß es Menschen sind, mag glauben, daß sie auch nur ein Fünkchen gesunden Verstand besitzen, die mich, die so Segensreiche, mit solchem Aufwand, solcher Beflissenheit, solcher Anstrengung, soviel Tricks, soviel Mühen und Risiken zu verjagen trachten und sich eine Unmenge von Plagen so teuer einzuhandeln suchen?

Wenn mich die wilden Tiere auf diese Weise verschmähten, nähme ich es leichter hin und schriebe die mir zugefügte Schmach ihrer Natur zu, die ihnen ein grausames Wesen eingepflanzt hat; wenn ich stummem Vieh verhaßt wäre, würde ich es seiner Unwissenheit zugute halten, weil ihm jene Geisteskraft versagt ist, die allein meine trefflichen Eigenschaften erkennen kann. Aber welch empörender und mehr als befremdender Zustand: Die Natur brachte ein einziges Lebewesen hervor, das mit Vernunft begabt und für den göttlichen Geist empfänglich ist, sie erschuf ein einziges Wesen, das zu Wohlwollen und Eintracht fähig ist – und dennoch: Bei den grausamsten Bestien und beim noch so stumpfsinnigen Vieh fände ich wohl eher Platz als bei den Menschen! Selbst zwischen den so zahlreichen Himmelskörpern bestehen und wirken, mögen auch ihre Umlaufbahnen nicht dieselben, mag auch ihre Energie nicht die gleiche sein, doch seit Urzeiten Gesetze. Die einander bekämpfenden Kräfte der Elemente bewahren durch ihr stabiles Gleichgewicht einen ewigen Frieden und fördern, bei allem Widerstreit, durch Harmonie und wechselseitigen Austausch die Eintracht. Wie verläßlich ist doch im Körper der Lebewesen das harmonische Zusammenwirken der Organe, wie groß die Entschlossenheit zu gegenseitiger Verteidigung! Was ist so grundverschieden wie Leib und Seele? Und dennoch offenbart freilich erst ihre Trennung, mit welch engen Banden die Natur diese beiden verknüpft hat. Wie demnach das Leben nichts anderes ist als die Gemeinschaft von Leib und Seele, so besteht die Gesundheit im Zusammenklang aller Eigenschaften des Körpers. Die vernunftlosen Tiere verbringen ihr Dasein innerhalb ihrer eigenen Gattung gesittet und einträchtig. In Herden leben die Elefanten, in Scharen weiden Schweine und Schafe, in Schwärmen fliegen die Kraniche und Dohlen, die Störche, noch immer die Lehrmeister treuer Hingabe, halten ihre Versammlungen ab, und durch gegenseitige Hilfeleistungen schützen sich die Delphine. Bekannt ist die Eintracht im Ameisen- und Bienenstaat. Aber was fahre ich fort, über die zu sprechen, die zwar keine Vernunft, wohl aber Sinnesempfindung besitzen?

Sogar an Bäumen und Pflanzen kann man Freundschaft beobachten. Manche bleiben unfruchtbar, wenn man ihnen nicht ein männliches Exemplar beigesellt; der Weinstock umschlingt die Ulme[1], den Weinstock liebt der Pfirsich. Die, die also sonst nichts empfinden, scheinen dennoch die Wohltat des Friedens zu empfinden. Die aber wieder, die keine Empfindungsfähigkeit besitzen, sind den Empfindungsfähigen immerhin dadurch nahe verwandt, daß sie Leben in sich haben. Was ist so gefühllos wie die Klasse der Minerale? Dennoch ließe sich sagen, daß auch ihnen ein Sinn für Frieden und Eintracht innewohnt. So zieht der Magnet das Eisen an und hält es fest. Welches Gesetz gilt selbst unter den grausamsten Raubtieren? Die Wildheit der Löwen richtet sich nicht gegen ihresgleichen. Der Eber wetzt seine blitzenden Hauer nicht gegen einen anderen Eber. Der Luchs hält mit dem Luchs Frieden. Die Schlange wütet nicht gegen die Schlange. Die Eintracht der Wölfe ist sogar sprichwörtlich geworden. Ich will hinzufügen, was noch erstaunlicher scheint: Die bösen Geister, die das Band der Eintracht zwischen Gott und Mensch zuerst zerrissen und noch heute zerreißen, haben gleichwohl unter sich ein Bündnis und halten ihre wie auch immer geartete Schreckensherrschaft durch gegenseitiges Einvernehmen aufrecht.

Einzig die Menschen, denen am meisten von allen die Einmütigkeit anstünde und die ihrer auch zuallererst bedürften, verbindet weder die sonst so mächtige und wirksame Natur noch die Erziehung, noch schweißen sie die zahlreichen Vorteile zusammen, die dieser Gleichgesinntheit entspringen würden, noch leitet sie schließlich die Wahrnehmung und Erfahrung so vieler Katastrophen zu gegenseitiger Liebe. Alle Menschen haben dieselbe Gestalt, dieselbe Stimme; und während die übrigen Arten der Lebewesen sich vor allem durch die Körperform unterscheiden, ist allein dem Menschen die Kraft der Vernunft verliehen, die unter seinesgleichen so ausgeprägt das gemeinsame Merkmal ist, daß er sie mit keinem der anderen Lebewesen teilt. Allein diesem Lebewesen ist die Sprache gegeben, die vorzüglichste Stifterin freundschaftlicher Beziehungen. Eingepflanzt sind ihm die Keime des Wissens und der Tugend sowie ein sanftes und friedliches Naturell, das zu gegenseitigem Wohlwollen neigt, damit es freudig um seiner selbst willen geliebt werde und es ihm Vergnügen bereite, anderen gute Dienste zu erweisen, es sei denn, daß einer durch schlimmen Eigennutz, wie durch Kirkes[2] Zaubertränke verführt, vom Menschen zum Tier entartet. Daher rührt es offenbar, daß man allgemein alles, was das gegenseitige Wohlwollen betrifft, »menschlich« nennt. Die Natur schenkte ihm noch die Gabe der Tränen, dieses Kennzeichen eines Bitten zugänglichen Gemüts, wodurch er sich leicht wieder aussöhnt, wenn etwa ein kränkendes Wort gefallen ist und ein Wölklein den heiteren Glanz der Freundschaft trübt. Sieh, wie viele Mittel und Wege die Natur aufbot, um uns Eintracht zu lehren! Dennoch nicht zufrieden mit diesen Verlockungen zum friedfertigen Leben, wollte sie, daß die Freundschaft dem Menschen nicht nur ein Vergnügen, sondern auch eine Notwendigkeit sei. Deshalb teilte sie die körperlichen und geistigen Gaben so zu, daß niemand so ausgestattet ist, daß er nicht bisweilen durch eine Dienstleistung auch von Schwachen Hilfe erfährt, und sie verlieh nicht allen dieselben Gaben und im gleichen Maß, damit diese Ungleichheit durch gegenseitige Freundschaft wettgemacht werde. In manchen Gegenden wächst dies, in andern das, so daß allein schon der Bedarf den wechselseitigen Handel empfiehlt.

Den übrigen Lebewesen teilte die Natur eigene Waffen und Schutzvorrichtungen zu, damit sie sich mit ihnen schützen können; einzig den Menschen erschuf sie wehrlos und gebrechlich und durch gar nichts anderes gesichert als durch Bündnis und gegenseitige enge Beziehungen. Die Not ließ die Staaten erfinden, und die Not lehrte sie das Bündnis untereinander, damit sie sich so gegen die Gewalt von wilden Tieren und Räubern mit vereinten Kräften zur Wehr setzen könnten. So gibt es nichts in den menschlichen Belangen, was sich selbst genügt. Schon in den Uranfängen des Lebens wäre es mit dem Menschengeschlecht sofort vorbei gewesen, wenn nicht die eheliche Eintracht es nach seiner Erschaffung fortgepflanzt hätte. Der Mensch würde sicherlich nicht geboren werden oder müßte bald nach seiner Geburt sterben und just an der Schwelle des Lebens sein Leben verlieren, wenn nicht die freundliche Hand der Hebammen, wenn nicht das herzliche Pflichtgefühl der Ammen dem kleinen Wurm zu Hilfe eilten. Zu diesem Zweck pflanzte die Natur mit größter Leidenschaft jene Flämmchen inniger Zuneigung ein, so daß die Eltern jenes bereits lieben, was sie noch nicht gesehen haben. Hinzu fügte sie noch die Anhänglichkeit der Kinder an ihre Eltern, damit deren Hilfsbedürftigkeit durch den Beistand jener gelindert werde und jene enge Verbundenheit entstünde, die zwar von allen in gleicher Weise geschätzt, von den Griechen aber besonders zutreffend Antipelargosis[3], das heißt »Storchenliebe«, genannt wurde. Dazu kommen noch die Bande der Blutsverwandtschaft und der Verschwägerung. Bei einigen tritt außerdem als zuverlässigste Stifterin des Wohlwollens die Ähnlichkeit des Naturells, der Interessen und der äußeren Erscheinung hinzu und bei vielen eine Art geheimer Seelenverwandtschaft und ein wunderbarer Antrieb zu gegenseitiger Liebe, den die Alten staunend dem Walten einer Gottheit zuschrieben.

Mit so vielen Beweisen lehrte die Natur Frieden und Eintracht, mit so vielen Lockmitteln fordert sie dazu auf, mit so vielen Stricken zieht sie, mit so vielen Beispielen drängt sie dazu! Und nach alldem: Welche Rachegöttin hat denn, um wirksam zu schaden, all diese Bindungen zerrissen, zerstört und zerschlagen und dafür eine unersättliche Kampfwut den Herzen der Menschen eingepflanzt? Wenn nicht die Gewöhnung zuerst das Befremden über und dann auch das Wahrnehmungsvermögen für das Böse schwinden ließe, wer würde glauben, daß diese Leute mit menschlicher Sinnesart begabt sind, die in unaufhörlichen Zerwürfnissen, Zwisten und Kriegen sich messen, einander befehden und Lärm und Aufruhr veranstalten? Schließlich stürzen sie durch Raubüberfälle, Blutvergießen, Totschlag und Zerstörungen alles in ein Chaos, das Sakrale wie das Profane, und keine Verträge sind je so heilig, daß sie die zu gegenseitiger Vernichtung sich austobenden Kampfhähne trennen könnten. Ohne daß es eines Zusatzes bedürfte, müßte der gemeinsame Name »Mensch« genügen, daß Menschen gut miteinander auskommen.

Nun gut: Die bei den Tieren äußerst wirkungsvolle Natur mag bei den Menschen nichts erreicht haben. Hat also Christus bei den Christen auch nichts erreicht? Mag die Unterweisung der Natur, die bei den Wesen ohne Denkvermögen den größten Einfluß hat, bei den Menschen zu wenig nachhaltig sein; warum aber überzeugt dann die Lehre Christi, obwohl sie doch jener gegenüber viel vortrefflicher ist, ihre Bekenner nicht von dem, was sie am dringlichsten rät, nämlich vom Frieden und vom gegenseitigen Wohlwollen? Oder gewöhnt sie ihnen wenigstens diesen so gottlosen und brutalen Wahnsinn, Kriege zu führen, ab? Wenn ich das Wort »Mensch« höre, laufe ich schnell hin wie zu einem speziell für mich geborenen Lebewesen, voll Zuversicht, daß ich dort Ruhe finden könnte; wenn ich den Ruhmestitel »Christen« höre, fliege ich noch schneller heran, voll Hoffnung, daß ich bei denen gewiß sogar als König werde herrschen können. Aber gerade da muß ich voll Scham und Verdruß sagen: Marktplätze, Gerichtshallen, Rathäuser und Kirchen erdröhnen an allen Ecken und Enden so vom Gekreische der Streithähne wie nirgends sonst bei den Heiden. So mißlich ist es, daß sogar die Schar der Advokaten, obgleich sie für einen Großteil des menschlichen Unglücks verantwortlich ist, doch nur eine geringe Zahl und eine einsame Insel im Meer der Streitenden bildet. Ich erblicke eine Stadt, und sogleich keimt Hoffnung auf, wenigstens zwischen denen herrsche ein gutes Einvernehmen, die von denselben Ringmauern umschlossen, von denselben Gesetzen geleitet werden und durch gemeinsame Gefahr verbunden sind, als seien sie Passagiere in einem Schiff. Aber, o ich Beklagenswerter! Auch hier muß ich davon Kenntnis nehmen, wie alles durch Entzweiung verseucht ist, so sehr, daß es kaum möglich ist, ein Haus zu entdecken, in dem ich wenigstens für ein paar Tage Unterschlupf finden könnte. Aber ich lasse das gemeine Volk beiseite, das wie das Meer von den Fluten seiner Leidenschaften fortgerissen wird.

Ich ziehe mich in die Fürstenhöfe wie in einen Hafen zurück. Bei diesen, sage ich mir, wird der Frieden bestimmt einen Platz finden; denn die Fürsten sind einsichtiger als die große Masse, sind sie doch Geist und Auge des Volkes. Sie vertreten die Stelle dessen, der Lehrer und Fürst der Eintracht ist, der mich zwar allen Menschen, den Fürsten aber ganz besonders empfohlen hat. Und beflissen versprechen sie alles. Ich sehe schmeichlerische Begrüßungen, innige Umarmungen, fröhliche Festgelage und all die übrigen Höflichkeiten menschlichen Umgangs. Aber, o Schande, bei ihnen konnte man nicht einmal einen Schatten wahrer Eintracht entdecken. Alles war geschönt und erlogen, durch offenkundige Parteilichkeit, geheime Intrigen und Rivalitäten durch und durch zerrüttet. Schließlich wird mir deutlich bewußt, daß bei diesen Leuten der Frieden keine Heimstatt hat, sondern vielmehr hier die Quellen und Keime aller Kriege liegen. Wo soll ich Unglücklicher mich künftig hinwenden, nachdem die Hoffnung mich so oft getäuscht hat? Doch die Fürsten sind eher mächtig als gebildet und lassen sich mehr von Leidenschaften als vom richtigen Urteil des Verstandes leiten.

Bei den Scharen der Gelehrten will ich Zuflucht suchen! Die erlesene Bildung schafft Menschen, die Philosophie Menschen höherer Art, die Theologie Heilige. Bei ihnen wird mir sicher zuteil werden, nach so vielen Irrwegen zur Ruhe zu kommen. Aber, o Schmerz! Auch hier gibt es Kriege, zwar von anderer Art, weniger blutig, doch nicht minder wahnsinnig. Eine Schule ist mit der andern zerstritten, und als ob sich die Wahrheit mit dem Ort veränderte, so überqueren manche Lehrsätze nicht das Meer, andere übersteigen nicht die Alpen, wieder andere schwimmen nicht über den Rhein, ja sogar an der gleichen Universität bekriegen sich der Rhetoriker und der Dialektiker, liegt sich der Rechtsgelehrte mit dem Theologen in den Haaren. Und sogar an der gleichen Fakultät befehden sie sich: Mit dem Thomisten kämpft der Scotist[4], mit dem Realisten der Nominalist[5], mit dem Peripatetiker der Platoniker[6], und zwar so verbissen, daß sie nicht einmal in den belanglosesten Fragen untereinander einig sind und gar oft mit äußerstem Grimm um des Kaisers Bart streiten, bis der Hitzegrad des Streitgesprächs von Argumenten zu Verunglimpfungen, von Verunglimpfungen zu Tätlichkeiten ansteigt, und wenn die Fehde nicht mit Dolchen oder Lanzen ausgetragen wird, durchbohren sie sich mit in Gift getauchten Schreibgriffeln, zerreißen sich gegenseitig mit bissigen Traktaten und schießen einer auf den guten Ruf des andern die tödlichen Geschosse ihrer geübten Zungen ab. Wohin soll ich mich wenden, nachdem ich so oft auf leere Verheißungen gesetzt habe?

Was bleibt noch übrig, als allein der gleichsam heilige Anker der Religion? Mag das Bekenntnis zur Religion auch für alle Christen verpflichtend sein, bekennen sich doch jene Männer durch Ehrentitel, Tracht und Vollzug heiliger Handlungen in besonderer Weise zu ihr, die beim Volk unter dem Namen »Priester« Achtung genießen. Wie ich sie von fern aufmerksam betrachte, erweckt daher alles Hoffnung, ein sicherer Hafen sei für mich bereit. Schon ihre weißen Gewänder finden meinen Beifall – sie strahlen in meiner Farbe[7] –, ich sehe Kreuze als Symbole des Friedens, ich höre den allerliebsten Namen »Bruder« als Beweis außerordentlicher Liebe, ich höre Friedensgrüße, deren Wunsch Glück und Segen verheißt, ich nehme ein Streben nach Gemeinschaft in allen Bereichen wahr, ein eng verbundenes Priesterkollegium, dieselbe Kirche, dieselben Gesetze und die täglichen Konvente. Wer würde da nicht zuversichtlich hoffen, daß hier der Frieden eine Bleibe fände? Doch, o Schande, fast nirgends ist sich das Priesterkollegium mit dem Bischof einig, und hiermit nicht genug, sind sie auch untereinander in Fraktionen gespalten. Wie viele Priester gibt es denn, die nicht mit einem andern im Streit liegen? Paulus hält es für unerträglich, daß ein Christ mit einem Christen streitet[8], nun aber legt sich der Priester mit dem Priester an, der Bischof mit dem Bischof? Aber vielleicht könnte man auch Nachsicht mit ihnen haben, weil sie durch bereits lang eingeübte Gewohnheit beinahe in der Gemeinschaft der Weltkinder aufgegangen sind, seitdem sie angefangen hatten, dasselbe wie jene zu besitzen. Nun gut, sollen sie sich halt an ihrem Recht erfreuen, das sie für sich beanspruchen, als ob eine rechtliche Verfügung sie dazu legitimierte! Eine Gattung von Menschen bleibt noch übrig, die so fest an die Religion gefesselt sind, daß sie diese, selbst wenn sie es wünschten, unter keinen Umständen abschütteln könnten, wirklich ebensowenig wie eine Schildkröte ihr Gehäuse. Ich hätte gehofft, bei diesen Menschen werde für mich ein Platz sein, wenn mich nicht die so oft getäuschte Hoffnung gelehrt hätte, die

Hoffnung völlig aufzugeben. Und dennoch, um nichts unversucht zu lassen, wollte ich es probieren. Du fragst nach dem Ergebnis? Vor niemandem bin ich heftiger zurückgeprallt. Denn was sollte ich mir dort erhoffen, wo Frömmigkeit mit Frömmigkeit zerfallen ist? Es gibt da so viele Parteien, wie es Ordensgemeinschaften gibt: Die Dominikaner streiten mit den Minoriten, die Benediktiner mit den Bernardinern[9]: So viele verschiedene Namen, Trachten und Zeremonien gibt es, damit es ja keine Übereinstimmung gibt; jedem gefallen nur die eigenen, die fremden verurteilt und haßt ein jeder. Ja, sogar der gleiche Orden[10] ist in Parteien zerspalten: Die Observanten verunglimpfen die Coleten, und beide eine dritte Gruppe[11], die ihre Bezeichnung von »Übereinkunft« herleitet, obwohl sie miteinander nicht im geringsten übereinkommen. So setzte sich in mir, trotz meines allseitigen Mißtrauens, der nicht zu verargende Wunsch fest, mich doch wenigstens in irgendeinem Klösterchen versteckt zu halten, das wirklich ruhig wäre. Ungern nur möchte ich es sagen – o daß es doch nicht die volle Wahrheit wäre! – : Noch keines habe ich bis jetzt gefunden, das nicht im Innern von Haßgefühlen und Streitigkeiten vergiftet war. Ich müßte mich schämen, aufzuzählen, wie viele Kämpfe um nichts, um Lappalien und lächerliche Belanglosigkeiten von alten Männern mit ehrwürdigem Bart und Gewand entfacht werden; und dabei kommen sie sich zum Schluß noch ungemein gebildet und heilig vor! Nun lockte noch die schwache Hoffnung, irgendwo inmitten der vielen Ehen ein bescheidenes Plätzchen zu finden. Versprechen dies denn nicht das gemeinsame Haus, das gemeinsame Glück, das gemeinsame Bett, die gemeinsamen Kinder? Und schließlich nicht auch das gegenseitige Recht sogar auf den Leib, so daß man meinen könnte, es handle sich nicht mehr um zwei, sondern vielmehr um einen einzigen aus zweien verschmolzenen Menschen? Aber auch hier schlich sich die Eris ein, jene verfluchte Göttin des Streites, und trennt die mit so vielen Banden einander Verbundenen durch die Zwietracht der Herzen. Und doch bekäme ich unter diesen wahrscheinlich leichter eine Heimstätte als unter jenen, die sich mit so vielen Titeln, äußeren Zeichen und heiligen Handlungen offen zur vollkommenen Nächstenliebe bekennen. Schließlich keimte in mir der Wunsch, daß mir wenigstens im Herzen eines einzigen Menschen Raum gegeben werde. Aber nicht einmal das wurde mir zuteil, denn ein und derselbe Mensch kämpft mit sich selbst. Die Vernunft führt Krieg mit den Leidenschaften, obendrein liegen die Leidenschaften miteinander im Streit, und während das Pflichtgefühl dahin ruft, zieht die Begierde dorthin. Wiederum etwas anderes empfiehlt die Lust, etwas anderes der Zorn, wieder etwas anderes der Ehrgeiz und nochmals etwas anderes die Habsucht. Und sind sie auch so geartet, schämen sie sich dennoch nicht, sich Christen zu nennen, obgleich sie in jeder Hinsicht im Widerspruch zu dem stehen, was den Wesenskern Christi ausmacht.

Betrachte sein gesamtes Leben: Was ist es denn anderes als eine Unterweisung in Eintracht und gegenseitiger Liebe? Was schärfen seine Gebote und Gleichnisse anderes ein als Frieden, als gegenseitige Liebe? Als jener herausragende Prophet Isaias, vom göttlichen Geist angehaucht, diesen Christus als kommenden Versöhner der ganzen Welt ankündigte, verhieß er da etwa einen übermächtigen Statthalter, einen Städtezerstörer, einen Kriegsherrn oder Triumphator? Keineswegs! Was denn? Einen Friedensfürsten; weil er ihn nämlich als den besten aller Fürsten erkannt haben wollte, betonte er jenen Wesenszug, den er als den allerbesten erachtete. Diese Auffassung des Isaias ist nicht verwunderlich, hat doch der heidnische Dichter Silius[12] folgendes über mich geschrieben: »Der Friede ist das Beste, was die Natur dem Menschen geschenkt hat.« Mit ihm stimmt auch jener geheimnisvolle Saitenspieler überein[13], wenn er singt: »Im Frieden ist ihm eine Stätte bereitet.« Im Frieden, sagt er, nicht in Soldatenzelten, nicht in Feldlagern. Er ist ein Fürst des Friedens, er liebt den Frieden, und er wird durch Zwietracht gekränkt. Und wiederum nennt Isaias den Frieden »das Werk der Gerechtigkeit«[14], und wenn ich mich nicht täusche, äußert er damit den gleichen Gedanken wie Paulus, der selbst vom blindwütigen Saulus zum sanftmütigen Menschen und Lehrer des Friedens wurde, als er die Liebe über alle anderen Gaben des Heiligen Geistes stellte. Mit welcher Inbrunst und mit welcher Sprachkraft ließ er da die Lobeshymne auf mich auf die Korinther herabdonnern[15]! Warum soll ich mich denn nicht rühmen, daß ich von einem so hochgelobten Mann derart gepriesen werde? Dieser spricht einmal den »Gott des Friedens«[16] an, ein andermal ruft er den »Frieden Gottes«[17] herbei, wodurch er klar anzeigt, daß diese beiden so miteinander zusammenhängen, daß da kein Friede sein kann, wo Gott nicht anwesend ist, und daß Gott dort nicht sein kann, wo es keinen Frieden gibt. Ebenso lesen wir in der Heiligen Schrift, daß die frommen Diener Gottes auch »Boten des Friedens«[18] genannt werden, damit ohne weiteres klar sei, wen man als »Boten des Krieges« verstehen muß.

Hört her, ihr schneidigen Krieger! Schaut hin, unter welchen Feldzeichen ihr kämpft! Ohne Zweifel unter den Fahnen dessen, der als erster Zwietracht zwischen Gott und dem Menschen säte. Alles Unheil, das die Sterblichen zu spüren bekommen, müssen sie dieser Zwietracht zuschreiben. Läppisch ist es nämlich, was gewisse Leute daherschwatzen, in der Heiligen Schrift sei vom »Gott der Heerscharen« und vom »Gott der Rache«[19] die Rede. Es besteht doch ein sehr großer Unterschied zwischen dem Gott der Juden und dem Gott der Christen, wenn er auch seinem Wesen nach ein und derselbe Gott ist. Oder wenn auch uns die alten Bezeichnungen gefallen, wohlan, so mag er der »Gott der Heerscharen« bleiben, nur verstehe man unter dem Heer den einstimmigen Chor der Tugenden, unter deren Schutz die gottesfürchtigen Menschen die Laster ausmerzen. Mag er auch weiterhin der »Gott der Rache« sein, nur begreife man sie als Strafe, als Zurechtweisung der Laster. Man darf darum die blutigen Gemetzel, von denen die Bücher der Juden wimmeln, nicht auf die Zerfleischung von Menschen beziehen, sondern auf die Niederschlagung gottloser Leidenschaften in der Brust. Aber wir wollen unseren Gedankengang von vorhin weiterführen: Sooft die Heilige Schrift auf die vollkommene Seligkeit zu sprechen kommt, verwendet sie den Begriff »Friede«. So sagt zum Beispiel Isaias: »Mein Volk wird in der Schönheit des Friedens wohnen«[20]. Und ein anderer sagt: »Friede sei über Israel«[21]. Und wiederum Isaias: Er bewundert »die Füße derer, die den Frieden verkünden, die Gutes verkünden«[22].

Jeder, der Christus verkündigt, verkündigt den Frieden. Jeder, der den Krieg predigt, predigt den ärgsten Gegenspieler Christi. Nun wohlan, was lockte den Sohn Gottes auf die Erde, außer, daß er die Welt mit dem Vater versöhne, daß er die Menschen untereinander in gegenseitiger und unauflöslicher Liebe eng verbinde, und schließlich, daß er den Menschen selbst zu seinem Freund mache? Um meinetwillen also wurde er gesandt, meine Interessen nahm er wahr. Und deshalb wollte er auch, daß Salomon, den wir »Eirenopoios«, das heißt »Friedensstifter«, nennen, seine Wesensart verkörpere. So groß David auch war, durfte er dennoch nicht das Haus des Herrn erbauen, weil er ein Krieger war und sich mit Blutschuld befleckt hatte. Er war in dieser Hinsicht nicht würdig, die Vorläuferrolle des friedensstiftenden Christus zu spielen.[23] Das bedenke hin und wieder, du Krieger: Wenn schon die Kriege, die auf Befehl Gottes begonnen und geführt wurden, entheiligen, was werden dann die anrichten, zu denen Ehrgeiz, Zorn und Raserei rieten? Wenn schon das vergossene Heidenblut einen frommen König befleckte, was für Folgen wird dann erst das ungeheure Vergießen von Christenblut haben?

Ich beschwöre dich, christlicher Fürst, wenn du

nur wirklich ein Christ bist, betrachte das Vorbild deines Regenten, achte darauf, wie er seine Herrschaft angetreten hat, wie er in ihr fortgeschritten und wie er von hier geschieden ist, und du wirst bald erkennen, wie er sie von dir geführt haben will, natürlich so, daß deine höchste Sorge dem Frieden und der Eintracht gelte. Schon bei der Geburt Christi, ließen da etwa die Engel die Kriegstrompeten erschallen? Die Juden hörten das Schmettern der Trompeten, das ihnen die Genehmigung erteilte, Krieg zu führen. Dies stimmte mit den Vorzeichen überein, durch die es göttliches Recht war, die Feinde zu hassen. Doch einem friedensstiftenden Volk singen die Engel des Friedens eine ganz andere Weise. Blasen sie etwa zum Angriff? Verheißen sie etwa Siege, Triumphzüge und Denkmäler? Keine Spur! Was also? Sie verkündigen in Übereinstimmung mit den Weissagungen der Propheten den Frieden und verkündigen ihn nicht denen, die Mord und Krieg schnauben und hemmungslos nach Waffen gieren, sondern jenen, die durch ihren guten Willen zur Eintracht geneigt sind. Die Sterblichen mögen ihre krankhafte Streitsucht beschönigen, wie sie wollen: Wenn sie nicht den Krieg liebten, würden sie einander nicht ununterbrochen bekriegen. Ferner: Als Christus selbst schon erwachsen war, was lehrte er anderes, was brachte er anderes zum Ausdruck als den Frieden? Mit dem Friedenswunsch begrüßt er wiederholt die Seinen: »Friede sei mit euch«[24], und diese Grußformel schreibt er ihnen auch vor, gleichsam als für die Christen einzig würdige. Und die Apostel haben diese Anweisung nicht vergessen, sondern schicken ihren Briefen als Eingangsformel den Friedensgruß voraus und wünschen all denen den Frieden, die sie in einzigartiger Weise lieben. Etwas Vortreffliches wünscht, wer Wohlergehen wünscht, aber um das höchste Glück betet, wer um Frieden betet. Bedenke, mit welcher Besorgnis Christus den Frieden, den er sein ganzes Leben hindurch so oft empfohlen hat, vor seinem Sterben empfiehlt: »Ihr sollt einander lieben«, sagt er, »wie ich euch geliebt habe!«[25] Und wiederum: »Meinen Frieden gebe ich euch, den Frieden hinterlasse ich euch«[26].

Hört ihr, was er den Seinen hinterläßt? Etwa Streitrosse, Leibwachen, ein Kaiserreich oder Truppen? Nichts dergleichen. Was denn? Den Frieden schenkt er, den Frieden hinterläßt er: Den Frieden mit den Freunden, den Frieden mit den Feinden. Ich möchte, daß du mir darüber nachdenkst, was Christus beim Abendmahl, als ihm die Stunde des Todes schon nahe bevorstand, in seiner letzten Bitte vom Vater inständig verlangte. Ich glaube, er stellte keine Allerweltsbitte, da er ja wußte, daß er alles erhalten werde, worum er ihn anging. »Vater«, sagte er, »Du Heiliger, bewahre sie in Deinem Namen, damit sie eins seien gleichwie wir«[27]. Beachte bitte, welch ganz besondere Eintracht Christus unter den Seinen verlangt. Er sagte nicht, »daß sie einmütig seien«, sondern »daß sie eins seien«, und dies nicht auf beliebige Weise, sondern – wie Christus sagt – »gleichwie wir eins sind«, die wir auf vollkommenste und unsagbare Weise eins sind. Und er offenbart damit nebenbei, daß die Menschen nur auf diesem einen Weg zu retten seien, wenn sie untereinander den Frieden erhalten. Wenn ferner die Fürsten dieser Welt die Ihren mit irgendeinem Abzeichen versehen, damit sie, besonders im Krieg, von den andern auseinandergehalten werden können, sieh, mit welchem Zeichen denn eigentlich Christus die Seinen kenntlich gemacht hat; mit keinem anderen selbstverständlich als dem der gegenseitigen Liebe. »An diesem Merkmal«, sagt er, »werden die Menschen erkennen, daß ihr meine Jünger seid«[28], nicht daran, daß ihr euch so oder so kleidet, euch von diesen oder jenen Speisen ernährt, lange fastet oder noch so viele Psalmen herunterbetet, sondern daran, daß ihr einander liebt, und zwar nicht in der gängigen Weise, sondern »wie ich euch geliebt habe«. Zahllos sind die Lehrmeinungen der Philosophen, mannigfaltig die Erlasse des Moses und am zahlreichsten die der

Könige, »mein Gebot aber«, sagt er, »ist nur ein einziges: daß ihr einander liebt«. Auch als er den Seinen die Urformel des Betens vorschreibt, fordert er da nicht sofort gleich zu Beginn in wunderbarer Weise zur christlichen Eintracht auf? »Vater unser«[29], sagt er. Es ist die Bitte eines einzigen, es ist ein allen gemeinsames Anliegen, *ein* Haus und die gleiche Familie sind alle, von *einem* Vater hängen alle ab. Wie vereinbart es sich also damit, sich untereinander in ununterbrochenen Kriegen zu bekämpfen? Wie kannst du mit dem Mund den gemeinsamen Vater anrufen, wenn du das Schwert in die Eingeweide deines Bruders stößt? Und weiter: Weil er wollte, daß dieses eine Gebot ganz tief in den Seelen der Seinen Wurzel fasse, schärfte er ihnen mit zahlreichen Symbolen, Gleichnissen und Vorschriften das eifrige Streben nach Eintracht ein. Er nennt sich den Hirten, die Seinen die Schafe[30]. Und, um Himmels willen, wer hat je Schafe mit Schafen kämpfen sehen? Oder was haben da noch die Wölfe zu tun, wenn sich die Herde selbst untereinander zerfleischt? Als er sich den Weinstock nannte, die Seinen aber die Reben[31], was stellte er da im Bilde anderes dar als Einmütigkeit? Als eine mißliche Entartung, die mit Bußopfern entsühnt werden müßte, könnte es angesehen werden, wenn am gleichen Weinstock Rebe mit Rebe Krieg führte. Und da soll es keine Ungeheuerlichkeit sein, wenn ein Christ mit einem Christen kämpft? Wenn schließlich den Christen überhaupt etwas hochheilig ist, dann soll es gewiß das sein und tief in ihren Herzen Wurzeln schlagen, was Christus ihnen in seinen letzten Aufträgen gleichsam als Testament ans Herz legte und seinen Kindern darin anvertraute, was sie seinem Wunsch gemäß niemals vergessen sollten. Oder was lehrt er, ordnet er an, schreibt er vor und erfleht er damit anderes als gegenseitige Liebe untereinander? Was setzte jene Gemeinschaft des hochheiligen Brotes und des Kelches der Liebe anderes unverbrüchlich fest als eine wahrhaft neue und unauflösliche Eintracht? Weil er aber wußte, daß dort kein Friede bestehen kann, wo um ein hohes Staatsamt, Ansehen, Reichtum und Vergeltung gebuhlt wird, wie riß er da mit Stumpf und Stiel derartige Begehrlichkeiten aus den Herzen der Seinen, verbot ihnen, dem Bösen überhaupt Widerstand zu leisten[32], hieß sie, denen, die ihnen Übles tun, mit Gutem zu vergelten und, wenn sie könnten, Gutes zu wünschen denen, die ihnen Böses wünschen[33]. Und die wollen als Christen gelten, die wegen irgendeiner harmlosen kleinen Rechtsverletzung einen großen Teil der Welt in den Krieg hineinziehen? Er lehrt, daß der, der bei seinem Volk der Erste sein will, Diener aller sein muß[34] und sich durch nichts vor den andern auszeichnen soll, außer dadurch, daß er vorzüglicher ist und einer größeren Zahl von Menschen gute Dienste leistet. Und manche schämen sich nicht, wegen einer winzigen und lächerlichen Erweiterung ihres Herrschaftsgebietes ein riesiges Kriegsgetümmel zu entfesseln? Christus lehrt, nach der Weise der Vögel und Lilien von einem Tag auf den andern zu leben[35]. Er verbietet, die Sorgen auf den nächsten Tag auszudehnen[36], er will, daß sie ganz dem Himmel ergeben sind, und er schließt alle Reichen aus dem Himmelreich aus[37] – und da scheuen sich einige nicht, wegen eines nicht zurückbezahlten, vielleicht nicht einmal geschuldeten Geldsümmleins so viel Blut zu vergießen. Aber heutzutage sieht man das sogar als durchaus gerechtfertigten Grund für ein Kriegsunternehmen an. Wahrlich, auf nichts anderes wirkt Christus hin, wenn er sie auffordert, besonders dies eine von ihm zu lernen, nämlich sanftmütig und in keiner Weise gewalttätig zu sein[38]; oder wenn er befiehlt, die Opfergabe am Altar zu lassen und nicht eher darzubringen, als bis man sich mit dem Bruder versöhnt hat[39]. Lehrt er damit nicht vor aller Welt, daß die Eintracht allem anderen vorzuziehen und daß Gott kein Opfer wohlgefällig sei, wenn ich, der Friede, es nicht empfehle? Gott verschmähte das Opfer der Juden, etwa ein Böcklein oder ein Schaf, weil es von miteinander Hadernden dargebracht wurde. Und die so unter sich Krieg führenden Christen erdreisten sich, jenes hochheilige Opfer darzubringen? Schon als er sich mit der Henne verglich, die ihre Küken unter ihre Flügel sammelt[40], mit welch einem zutreffenden Bild stellte er da die Eintracht dar! Er versammelt die Schar, und wie schickt es sich dann, daß Christen wie Raubvögel sind? Im gleichen Sinn wird er der Eckstein genannt[41], der zwei Mauern zusammenfügt und zusammenhält. Wie ist es da zu verantworten, daß seine Stellvertreter den ganzen Erdkreis zu Waffengängen anstiften und ganze Reiche gegeneinander aufhetzen? Jenen höchsten Versöhner haben sie als Fürsten, wie sie sich brüsten, und sich selbst können sie unter keinen Umständen miteinander aussöhnen. Christus versöhnte Pilatus und Herodes[42], und die Seinen vermag er nicht zur Eintracht zu bringen? Petrus, der noch halb im jüdischen Denken befangen war und sich anschickte, seinen Herrn und Meister im Augenblick drohender Lebensgefahr zu verteidigen, tadelte der so Verteidigte sogar und befahl ihm, das Schwert wieder einzustecken[43], und Christen ziehen und zücken das Schwert immer aus nichtigsten Gründen, und zwar gegen Christen. Oder würde sich jener mit Hilfe des Schwertes verteidigen lassen, der noch im Sterben für die Urheber seiner Hinrichtung um Gnade bat?

Alle Schriften der Christen, ob man das Alte Testament liest oder das Neue, predigen laut nichts anderes als Frieden und Einmütigkeit – und das ganze Leben der Christen dreht sich um nichts anderes als um Kriege. Was ist denn das für eine mehr als tierische Wildheit, die durch so viele Maßnahmen weder überwunden noch besänftigt werden kann? Nun denn, sie sollten lieber aufhören, sich mit dem Ehrennamen »Christen« zu rühmen, oder sie sollten der Lehre Christi durch Eintracht Ausdruck geben. Wie lange noch wird das Leben mit der Lehre Christi in Streit liegen?

Ziert noch so viele Häuser und Gewänder mit dem Bild des Kreuzes, Christus wird nur jenes Zeichen anerkennen, das er selbst vorgeschrieben hat, nämlich das der Eintracht. Während sie versammelt sind, sehen sie ihn zum Himmel auffahren[44]; und während sie versammelt sind, erhalten sie den Auftrag, auf den himmlischen Geist zu warten. Auch hatte er versprochen, immer unter den Versammelten zu weilen[45], damit keiner hoffen könnte, Christus sei irgendwo in Kriegen dabei. Nun, was ist jener »feurige Geist« anderes als die Nächstenliebe? Nichts stiftet mehr Gemeinschaft als Feuer: Ohne die geringste Einbuße wird Feuer an Feuer entzündet. Willst du aber erkennen, daß jener Geist wirklich der Schöpfer der Eintracht ist? Dann achte auf seine Wirkung: »Alle waren«, heißt es, »*ein* Herz und *eine* Seele«[46].

Entferne den Geist aus dem Körper, und sofort zerfällt das gesamte Gefüge der Glieder; entferne den Frieden, und die ganze Gemeinschaft des christlichen Lebens stirbt. Die Theologen beteuern, daß der himmlische Geist heutzutage durch all die Sakramente eingegossen werde. Wenn sie die Wahrheit verkünden, wo bleibt dann die eigentümliche Wirkung jenes Geistes, nämlich *ein* Herz und *eine* Seele? Wenn es aber bloß Märchen sind, warum erweist man dann diesen Dingen so viel Ehre? Aber gewiß möchte ich dies nur gesagt haben, damit die Christen sich mehr ihres Lebenswandels schämen, nicht um den Sakramenten irgendwie Abbruch zu tun. Da er beschloß, daß das christliche Volk Ecclesia[47] genannt werden sollte, was ist das denn anderes als eine Mahnung zur Einmütigkeit? Wie aber verträgt sich das Feldlager mit der Kirche? Diese bedeutet doch Zusammenschluß, jenes dagegen Entzweiung. Wenn du dich rühmst, ein Glied der Kirche zu sein, was hast du dann mit dem Krieg zu schaffen? Und wenn du dich von der Kirche abgesondert hast, was hast du dann noch mit Christus gemein? Wenn ein und dasselbe Haus alle birgt, wenn ihr einen gemeinsamen Herrn habt, wenn ihr alle demselben dient, wenn ihr durch denselben Treueid in die

Kirche aufgenommen wurdet, wenn ihr euch an denselben Gaben freut, wenn ihr euch von demselben Sold ernährt und nach demselben Lohn strebt – warum stürzt ihr beide euch dann so heftig ins Kriegsgetümmel? Wir sehen, daß sogar unter den gottlosen Waffenbrüdern, die sich für ein Sündengeld einfinden, um den Auftrag des Mordens auszuführen, sehr große Eintracht herrscht, und zwar aus keinem andern Grund, als daß sie unter demselben Feldzeichen dienen – und jene, die sich zum Gottesglauben bekennen, schweißen so viele Gründe nicht zusammen? Bewirken demnach die vielen Sakramente nichts? Die Taufe ist allen gemeinsam; durch sie werden wir für Christus wiedergeboren, und, aus der Welt herausgetrennt, werden wir den Gliedern Christi einverleibt. Was aber kann so sehr eins sein wie die Glieder desselben Körpers? Deshalb ist also einer weder Sklave noch Freier, weder Barbar noch Grieche, weder Mann noch Frau, sondern alle sind gleich in Christus[48], der alles zur Eintracht fügt.

So verbindet die Skythen[49] ein wenig Blut, das beide Parteien aus dem Becher trinken, derart innig, daß sie nicht im mindesten zögern, für den Freund auch in den Tod zu gehen. Den Heiden gilt eine Freundschaft gar für heilig, die ein gemeinsames Mahl gestiftet hat – und die Christen vermag jenes himmlische Brot und jener mystische Kelch nicht in der Freundschaft zu erhalten, die Christus selbst geheiligt hat und die sie täglich erneuern und im Meßopfer vergegenwärtigen? Wenn Christus damit doch nichts erwirkt hat, wozu braucht es heute noch die vielen Zeremonien? Wenn es ihm aber um ein ernstzunehmendes Anliegen ging, warum wird es von euch so mißachtet, als hätte er nur ein spaßiges Possenspiel inszeniert? Darf jemand wagen, zu jenem heiligen Tisch, Sinnbild der Freundschaft, heranzutreten, zum Mahle des Friedens, der einen Krieg gegen Christen plant und sich anschickt, die zu vernichten, für deren Rettung Christus gestorben ist, und das Blut derer zu verströmen, für die Christus sein Blut vergossen hat? O ihr Herzen, härter als Diamant: In so vielen Bereichen habt ihr Gemeinschaft und im Leben eine so unüberwindliche Zwietracht! Alle stehen unter demselben Gesetz des Geborenwerdens, derselben Unabwendbarkeit des Alterns und Sterbens. Alle haben denselben Stammvater, denselben Religionsstifter, durch dasselbe Blut sind alle erlöst, durch dieselbe Taufe alle eingeweiht worden und durch dieselben Sakramente werden sie gespeist. Was an Gnade daraus hervorgeht, entspringt derselben Quelle und ist in gleicher Weise allen gemeinsam. Alle sind Glieder derselben Gemeinde, der Kirche, und schließlich winkt allen derselbe Lohn. Ja, sogar jenes himmlische Jerusalem[50], nach dem die Christen sich aufrichtig sehnen, trägt doch seinen Namen nach der Vision des Friedens, dessen Abbild in der Zwischenzeit die Kirche darstellt. Wie kommt es, daß diese so sehr von ihrem Urbild abweicht? Hat die auf so vielfältige Weise erfindungsreiche Natur nichts zustande gebracht, hat denn Christus selbst mit all seinen Geboten, Mysterien und Symbolen nichts ausgerichtet? Gemäß einem Sprichwort verbindet sogar das Böse die Bösen[51]; die Christen aber verbindet untereinander weder das Gute noch das Böse. Was ist zerbrechlicher als das menschliche Leben, was kürzer? Wie vielen Krankheiten, wie vielen Heimsuchungen ist es ausgesetzt! Und obschon es von sich aus mehr Plagen mit sich bringt, als zu ertragen sind, verursachen dennoch die Menschen in ihrer Tollheit den größten Teil des Unheils selbst. Eine solche Blindheit hat die Herzen der Menschen geschlagen, daß sie nichts davon begreifen. So lassen sie sich blindlings dazu hinreißen, alle Bande der Natur und Christi und alle Bündnisse zu brechen, zu zerschneiden und zu zerreißen. Sie liegen überall und ununterbrochen miteinander im Kampf, und es gibt dabei kein Maß und kein Ende. Es stößt Volk mit Volk zusammen, Stadt mit Stadt, Partei mit Partei, Herrscher mit Herrscher, und wegen der Torheit oder wegen des Ehrgeizes zweier nichtiger Menschen, die bald wie Eintagsfliegen hinsterben werden, werden die menschlichen Verhältnisse völlig umgekrempelt.

Ich will die Kriegstragödien des Altertums übergehen. Aber lassen wir im Gedächtnis die Ereignisse der letzten zehn Jahre vorüberziehen: Wo in aller Welt ist nicht aufs grausamste zu Wasser und zu Lande gekämpft worden? Welcher Landstrich wurde nicht mit Christenblut getränkt? Welcher Fluß, welches Meer wurde nicht mit Menschenblut gefärbt? Und, o Schmach, sie kämpfen entsetzlicher als die Juden, als die Heiden, als die wilden Tiere. Solche Kriege, wie die Juden sie gegen Fremdvölker geführt haben, müßten die Christen gegen die Laster führen. Aber jetzt stehen sie mit den Lastern in bestem Einvernehmen und mit den Menschen führen sie Krieg. Die Juden veranlaßte immerhin ein göttlicher Befehl zum Kampf. Die Christen hingegen treibt, wenn man die Bemäntelungen wegzieht und den wahren Sachverhalt beurteilt, der Ehrgeiz in die Irre, hetzt der Zorn, der schlechteste Ratgeber, und verlockt die unersättliche Habsucht. Jene hatten es fast immer mit fremden Völkern zu tun, die Christen dagegen haben mit den Türken ein Bündnis[52], unter sich selbst aber Krieg! Schon die heidnischen Tyrannen stachelte meist die Gier nach Ruhm zum Krieg an, jedoch unterwarfen diese die barbarischen und wilden Volksstämme so, daß denen die Niederlage zugute kam und der Sieger bestrebt war, sich um die Besiegten wohlverdient zu machen. Sie gaben sich Mühe, wann immer möglich, einen unblutigen Sieg zu erringen, damit dadurch dem Sieger der Ruf der Fairneß als Lohn zuteil würde, den Besiegten aber als Trost die Großherzigkeit des Siegers.

Doch es ist beschämend, daran zu denken, aus welch schändlichen und läppischen Gründen christliche Fürsten die Welt zum bewaffneten Krieg aufstacheln. Der eine entdeckt einen längst verjährten und vermoderten Rechtsanspruch oder erfindet ihn einfach[53], als ob es wirklich so darauf ankäme, wer die Staatsgeschäfte leitet, wenn nur für die Interessen des Volkes mustergültig gesorgt wird. Ein anderer schützt als Grund vor, daß in einem Vertrag von hundert Paragraphen irgendein Detail nicht beachtet worden sei. Wieder einer ist dem andern aus persönlichen Gründen spinnefeind, weil er ihm die Braut weggeschnappt oder allzu freimütig gegen ihn gestichelt hat. Was aber der Gipfel der Schurkerei ist: Es gibt Regenten, die, wenn sie merken, daß ihre Macht durch die Eintracht des Volkes erschüttert, durch dessen Zwietracht aber gefestigt wird, mit despotischen Winkelzügen insgeheim Leute anstellen, die absichtlich einen Krieg anzetteln sollen, um so zugleich die im Frieden Vereinten zu entzweien und das unglückliche Volk hemmungslos ausplündern zu können. Das sind jene Oberschurken, die sich am Leid des Volkes mästen und für die es in Friedenszeiten im Staat nicht viel zu tun gibt. Welch höllischer Wahnsinn konnte dieses Gift in die Herzen der Christen träufeln? Wer lehrte die Verehrer Christi diese Gewaltherrschaft, die weder ein Dionysius noch ein Mezentius kannte?[54] Das sind eher Tiere als Menschen und lediglich durch ihre Schreckensherrschaft berühmt, zu nichts zu gebrauchen außer zum Unheilanrichten, und niemals einig, außer, wenn es darum geht, den Staat zu knebeln. Und die, die sich so benehmen, werden für Christen gehalten, sie wagen es, über und über mit Menschenblut besudelt, sich den heiligen Gotteshäusern und heiligen Altären zu nähern? O diese Unmenschen, die man auf die abgelegensten Inseln verfrachten müßte! Wenn die Christen Glieder eines einzigen Leibes sind, warum freut sich nicht jeder herzlich über den glücklichen Erfolg des andern? Jetzt aber sieht man es beinahe als stichhaltigen Grund an, einen Krieg vom Zaune zu brechen, wenn das Nachbarland in jeder Hinsicht nur ein wenig mehr in Blüte steht.

Wenn wir nämlich die Wahrheit bekennen wollen: Was anderes bewog und bewegt noch heute so viele, das Königreich Frankreich mit Waffengewalt anzufallen als die Tatsache, daß es von allen weitaus das blühendste ist? Keines erstreckt sich weiter, nirgendwo gibt es einen ehrwürdigeren Senat, nirgendwo eine berühmtere Universität, nirgendwo größere Eintracht und daher auch höchste Macht. Nirgendwo genießen die Gesetze gleich hohes Ansehen, nirgendwo ist die Religion unangetasteter und nicht verdorben durch den Umgang mit den Juden wie bei den Italienern und nicht durch die Nachbarschaft von Türken und Mauren infiziert wie bei den Spaniern und Ungarn. Deutschland aber – von Böhmen ganz zu schweigen – ist in zahllose Kleinfürstentümer zerstückelt und bietet nicht einmal den Anschein eines Königreichs. Frankreich, das sich allein wie eine ungeknickte Blume der Christenheit behauptet, diese feste Burg, sollte einmal ein feindlicher Angriff wie ein Sturm hereinbrechen, wird auf vielfache Weise angegriffen und mit allen möglichen Ränkespielen bedrängt, nur aus dem einen Grund, der eigentlich Anlaß sein müßte, es zu beglückwünschen, wenn noch ein Anflug christlicher Gesinnung in seinen Feinden wäre. Aber diesen gottlosen Vorgehensweisen hängt man ein frommes Mäntelchen um: So ebnen sie den Weg zur Ausbreitung des Reiches Christi. O Ungeheuerlichkeit! Sie glauben, sie hätten sich zu wenig für die Christenheit eingesetzt, wenn sie nicht den schönsten und glücklichsten Teil der christlichen Welt zerstört haben.

Ist es nicht so, daß sie mit einem solchen Verhalten

sogar die wilden Tiere an Brutalität übertreffen? Nicht alle Tiere kämpfen, auch nicht die wilden Tiere, wenn es nicht zum Kampf gegen eine andere Art kommt. Dies muß, wie wir schon früher sagten, öfter eingeschärft werden, damit es besser im Bewußtsein haften bleibt. Die Schlange beißt die Schlange nicht, der Luchs zerreißt nicht den Luchs. Und wenn diese schon kämpfen, so kämpfen sie mit ihren eigenen Waffen, mit denen sie die Natur ausgestattet hat. Doch mit welchen Waffen, o unsterblicher Gott, rüstet der Zorn die waffenlos geborenen Menschen aus! Mit Höllenmaschinen greifen Christen Christen an. Wer möchte denn glauben, daß Kanonen eine Erfindung des Menschen sind? Ferner stürzen die Tiere nicht in so dichtgedrängten Kolonnen zur gegenseitigen Ausrottung aufeinander los. Wer hat schon je zehn Löwen mit zehn Stieren sich in einen Kampf einlassen sehen? Wie oft aber führen zwanzigtausend Christen gegen ebenso viele Christen mit dem Schwert einen Kampf auf Leben und Tod! So hoch steht es bei ihnen im Kurs, andere zu mißhandeln und Bruderblut zu vergießen. Schließlich lassen sich die Tiere fast nur dann zum Kampf hinreißen, wenn der Hunger oder die Sorge um die Jungen sie zur Raserei treibt. Welche Rechtsverletzung hingegen ist für Christen so geringfügig, daß sie nicht als geeigneter Anlaß zu einem Krieg angesehen wird? Wenn das gemeine Volk das täte, könnte das irgendwie mit seiner Beschränktheit notdürftig erklärt werden. Wenn es junge Leute wären, könnte man es mit der Unerfahrenheit ihres Alters entschuldigen. Wären es Gottlose, würde die moralische Beschaffenheit der Person die Abscheulichkeit der Tat beträchtlich mildern. Nun aber sehen wir, daß die Keime zu neuen Kriegen vorwiegend von jenen ausgehen, denen es zukäme, durch Rat und besonnenes Regieren das Brodeln im Volk zu beruhigen. Jenes verachtete und gemeine Volk[55] gründet glanzvolle Städte, verwaltet sie mit trefflichem Bürgersinn und mehrt so ihren Wohlstand. In diese Städte schleichen sich zweitrangige Machtmenschen ein, und wie Drohnen stehlen sie, was durch fremden Fleiß geschaffen wurde; und was von sehr vielen umsichtig angehäuft wurde, wird von wenigen bedenkenlos verschleudert, was mit Fug und Recht aufgebaut wurde, wird gnadenlos niedergerissen. Wenn man sich aber an die Kriege längst vergangener Zeiten nicht mehr erinnert, so rufe sich, wer will, nur die Kriege der letzten zwölf Jahre ins Gedächtnis zurück. Er wäge ihre Ursachen ab, und er wird feststellen, daß alle Kriege um der Fürsten willen vom Zaun gebrochen und zum großen Schaden des Volkes geführt wurden, obwohl dieses mit ihnen nicht das geringste zu tun hatte.

Was schon vor Zeiten bei den Heiden für schändlich galt, »grauen Haaren einen Helm aufzudrükken«, wie jener sagt[56], dies erntet bei den Christen Lob. Etwas Schimpfliches war für Ovid[57] ein alter Soldat, für sie aber ist ein siebzigjähriger Krieger etwas Fabelhaftes[58]. Ja, nicht einmal die Priester schämen sich, von denen Gott einst selbst in jenem sonst so blutrünstigen und unerbittlichen Gesetz des Moses forderte, sich nicht mit Blut zu beflecken. Es schämen sich nicht die Theologen, die Lehrer eines christlichen Lebens, es schämen sich nicht die Professoren, die Bekenner der vollkommenen Religion, es schämen sich nicht die Bischöfe, es schämen sich nicht die Kardinäle und Stellvertreter Christi, Urheber und Brandstifter jener Sache zu sein, die Christus so sehr verwünscht hat. Wie verträgt sich die Mitra mit dem Helm? Wie der Krummstab mit dem Schwert? Wie das Evangelienbuch mit dem Schild? Wie verträgt es sich, das Volk mit dem Friedenswunsch zu begrüßen und die ganze Welt zu den hitzigsten Kämpfen aufzuhetzen? Mit der Zunge Frieden zu wünschen, in der Tat aber den Krieg zu entfesseln? Du lobst mit demselben Mund, mit dem du Christus, den Friedensstifter, predigst, den Krieg, und auf derselben Trompete spielst du die Melodie Gottes und des Satans? Du stachelst beim Gottesdienst, in die Mönchskutte gehüllt, das schlichte

Volk zum Morden an, das aus deinem Mund die Lehre des Evangeliums erwartete? Du, der du die Stelle der Apostel einnimmst, lehrst, was ihren Lehren widerspricht? Fürchtest du denn nicht, daß man das, was von den Verkündigern Christi gesagt wird – »Wie schön sind die Füße derer, die den Frieden verkündigen, die Gutes verkündigen, die Heil verkündigen«[59] – in sein Gegenteil verkehren könnte: »Wie widerlich ist die Zunge der Priester, die zum Krieg antreiben, zu Übeltaten aufwiegeln und zur Vernichtung auffordern«? Bei den noch auf heidnische Art gottesfürchtigen Römern beteuerte der, der das Amt des Pontifex maximus antrat, brauchgemäß durch einen Eid, er werde seine Hände von jedem Blutvergießen rein bewahren[60]; das ging so weit, daß er nicht einmal für eine Beleidigung Rache nahm. Und ohne sich beirren zu lassen, blieb Titus Vespasianus, der heidnische Kaiser, diesem heiligen Eid treu, wofür ihm von einem heidnischen Schriftsteller Lob gezollt wird. Aber wie ist diese edle Gesinnung doch völlig aus dem Leben der Menschen entschwunden! Bei den Christen feuern die gottgeweihten Priester und die Mönche, die noch etwas Heiligeres als jene zur Schau tragen, zu Mord und Verwüstung an und machen aus der Posaune des Evangeliums eine Posaune des Mars. Sie vergessen ihre Würde, rennen hinauf und hinab, und bald unternehmen sie alles, bald erdulden sie alles, wenn sie nur zum Krieg hetzen können[61]. Und durch sie werden Fürsten, die sich sonst ruhig verhalten würden, zum Kampf angefeuert, durch sie, denen es doch anstünde, die Aufrührerischen zu besänftigen. Ja, was noch mehr zum Himmel schreit: Sie führen selbst Krieg, und zwar um solcher Dinge willen, die sogar die heidnischen Philosophen verachteten und deren Verachtung den Nachfolgern der Apostel ein besonderes Herzensanliegen sein müßte.

Als die Welt sich vor wenigen Jahren[62] infolge eines geradezu verhängnisvollen Krankheitsanfalls zur Waffengewalt hinreißen ließ, bliesen die Verkündiger des Evangeliums, nämlich die Bettel- und Predigermönche, von der heiligen Kanzel herab die Kriegstrompete und feuerten die ohnehin zur Raserei Geneigten noch mehr an. Bei den Engländern fauchten sie gegen die Franzosen, bei den Franzosen gegen die Engländer, und alle hetzten zum Krieg auf. Zum Frieden aber rief niemand auf, abgesehen vom einen oder andern, den es fast Kopf und Kragen kostete, mich auch nur beim Namen zu nennen. Sie rannten hin und her, die hochheiligen Prälaten, vergaßen ihre Würde und ihr Gelübde, verschlimmerten durch ihre Betriebsamkeit die allgemeine Krankheit der Welt und stachelten einmal den römischen Papst Julius, dann wieder die Könige zur Beschleunigung des Krieges auf, als ob diese nicht schon von sich aus wahnsinnig genug wären, und dennoch beschönigen wir diesen offenkundigen Wahnsinn mit großartigen Titulierungen[63]. Zu diesem Zweck verdrehen wir die Gesetze der Väter, die Schriften gottesfürchtiger Männer und die Worte der Heiligen Schrift auf unverschämteste, um nicht zu sagen auf gottlose Weise. Ja, beinahe ist es schon so weit gekommen, daß es als dumm und gottlos gilt, gegen den Krieg den Mund aufzutun und das zu loben, was Christi Mund mit einzigartigem Lob bedacht hat. Zu wenig die Anliegen des Volkes zu vertreten, zu wenig dem Fürsten gewogen zu sein scheint der, der zum heilkräftigsten Mittel rät und vom verderblichsten abmahnt. Schon suchen die Priester sogar die Feldlager auf, kommandieren dort die Bischöfe und betreiben, nachdem sie ihre Kirchen im Stich gelassen haben, die Sache der Kriegsgöttin. Ja, der Krieg bringt bereits Priester, bringt Bischöfe, bringt Kardinäle hervor, die den Titel »Feld-Legat« als ehrenvoll und als für die Nachfolger der Apostel würdig erachten[64]. Kein Wunder, daß die von Mars hingerissen sind, die Mars hervorgebracht hat. Und um das Übel noch unheilbarer zu machen, verbrämen sie diese Gottlosigkeit mit dem Anschein der Frömmigkeit: Die Fahnen tragen das Kreuz[65]. Ein gewissenloser Söldner, für ein paar Geldstücke zum

Schlachten und Morden gedungen, trägt dieses Kreuzeszeichen voran, und ausgerechnet das ist Symbol des Krieges, was ihnen allein den Krieg abgewöhnen könnte. Was hast du mit dem Kreuz zu schaffen, du verbrecherischer Soldat? Eine solche Gesinnung und solche Taten paßten sonst nur zu Schlangen, Tigern und Wölfen. Das ist das Zeichen dessen, der nicht durch Kämpfen, sondern durch sein Sterben gesiegt hat, der nicht vernichtet, sondern gerettet hat, das ist das Zeichen, das dir besonders zu bedenken geben könnte, mit welchen Feinden du es zu tun hast, falls du wirklich noch ein Christ bist, und auf welche Weise zu siegen sei. Du trägst das Zeichen des Heils und eilst, deinen Bruder zu verderben, und mit dem Kreuz vernichtest du einen, der durch das Kreuz errettet ist? Was soll man aber dazu sagen, daß man von jenen unaussprechlichen und anbetungswürdigen Sakramenten kommend – denn auch sie werden ins Kriegslager geschleppt –, in denen wie nirgends sonst die tiefste Eintracht der Christen dargestellt wird, ins Schlachtgetümmel rennt, dem Bruder das gräßliche Eisen in die Eingeweide stößt und Christus, falls er sich wirklich dazu herabläßt, dort zugegen zu sein, zum Augenzeugen des gräßlichsten Verbrechens macht, das den Höllengeistern höchstes Entzücken bereiten muß. Was schließlich das Allerabsurdeste ist, in beiden Heerlagern und an beiden Schlachtfronten erstrahlt das Zeichen des Kreuzes, und auf beiden Seiten werden Gottesdienste abgehalten. Welch eine Ungeheuerlichkeit ist das: Das Kreuz kämpft mit dem Kreuz, Christus führt gegen Christus Krieg! Dieses Zeichen pflegt sonst die Feinde der Christenheit zu erschrecken. Warum bekämpfen die Christen jetzt, was sie anbeten? Nicht irgendein Kreuz ist den Menschen angemessen, sondern nur das wahre. Wie kann nur ein Soldat in diesen Feldgottesdiensten das »Vaterunser« beten? Du unerbittlicher Mund, du wagst es, ihn Vater zu nennen, der du deinem Bruder die Kehle durchschneiden willst? »Geheiligt werde dein Name«: Wie könnte der Name Gottes ärger geschändet werden als durch solches Kriegsgetümmel? »Dein Reich komme«: So betest du, der du durch viel Blutvergießen deine Gewaltherrschaft errichtest? »Dein Wille geschehe, wie im Himmel, also auch auf Erden«: Er will den Frieden, und du rüstest zum Krieg. »Das tägliche Brot« erbittest du vom gemeinsamen Vater, der du die Saatfelder des Bruders niederbrennst und lieber willst, daß sie auch für dich nutzlos seien, als daß sie ihm nützen. Mit welcher Vermessenheit wirst du beten: »Und vergib uns unsere Schuld, wie auch wir vergeben unsern Schuldigern«, der du zum Brudermord eilst? Du suchst durch Bitten die Gefahr der »Versuchung« abzuwenden, der du unter eigener Gefährdung den Bruder in die Gefahr hineinziehst? Du verlangst, »vom Übel erlöst zu werden«, das dir einflüstert, gegen den Bruder das schlimmste Übel auszuhecken?

Platon bestreitet, daß man einen Krieg, den Griechen gegen Griechen führen, »Krieg« nennen dürfe[66]. Er sagt, das sei nur ein »Aufruhr«. Und für jene ist es gar ein heiliger Krieg, wenn aus x-beliebigen Gründen mit solcher Streitmacht und derartigen Waffen Christ gegen Christ in den Kampf zieht. Nach den Gesetzen der Heiden wurde einer, der sein Schwert in das Blut des Bruders getaucht hatte, in einen Sack eingenäht und in die Fluten geworfen. Sind die, welche Christus miteinander verbunden hat, vielleicht weniger Brüder als die, welche die Blutsverwandtschaft verbindet? Und doch belohnt man hier den Brudermord! O jämmerliches Los der Krieger! Wer siegt, ist ein Brudermörder; wer besiegt wird, kommt um, ist aber nichtsdestoweniger des Brudermordes schuldig, weil er den Brudermord versucht hat. Und nach alldem verfluchen sie die Türken als Gottlose und Christus Fernstehende, als ob sie selbst, indem sie so handeln, wirklich Christen wären, oder als ob sie den Türken ein entzückenderes Spektakel bieten könnten, als wenn diese mitansehen dürfen, wie die Christen sich gegenseitig mit Geschossen durchlöchern. Die Türken opfern den Dämonen. Aber auch wenn diesen kein Opfer willkommener ist, als wenn ein Christ einen Christen abschlachtet, was tust du denn anderes als jene? Dann nämlich ergötzen sich die bösen Geister an doppeltem Schlachtopfer, wenn zugleich der, der schlachtet, als auch der, der geschlachtet wird, zum Opfer wird. Wenn einer mit den Türken sympathisiert, wenn er mit den Dämonen befreundet ist, möge er nur recht oft solche Opfergaben darbringen! Aber ich höre schon längst, was die Leute, die zu ihrem eigenen Unheil so einfallsreich sind, als Entschuldigung vorbringen. Sie jammern, sie würden dazu gezwungen und gegen ihren Willen in den Krieg geschleppt. Reiß deine Maske herunter, wirf die Schminken fort, befrage dein eigenes Herz, und du wirst entdecken, daß Zorn, Ehrgeiz und Dummheit dich dazu verlockt haben und nicht die Notwendigkeit, es sei denn, du siehst die restlose Befriedigung all deiner Begierden als Notwendigkeit an. Beim Volk kannst du mit Äußerlichkeiten auftrumpfen, Gott läßt sich durch Verlogenheit nicht hinters Licht führen. Aber derweil werden feierliche Bitt- und Bußgottesdienste abgehalten, mit lautem Wehklagen wird um Frieden gebetet, mit ungeheurem Gebrüll schreien sie: »Schenk uns Frieden, wir bitten dich, erhöre uns!« Könnte Gott diesen nicht mit vollem Recht antworten: »Was verlacht ihr mich? Ihr bittet, daß ich vertreibe, was ihr euch selbst aus freien Stücken herbeigerufen habt? Ihr sucht durch Bitten abzuwenden, was ihr euch selbst eingebrockt habt?« Wenn schon die harmloseste Kränkung einen Krieg auslöst, wer hätte dann eigentlich keinen Grund, sich zu beklagen? Zwischen Gattin und Gatte fällt manches vor, was Nachsicht erheischt, außer man zieht es vor, das gute Einvernehmen zu zerrütten. Wenn nun aber so etwas unter Fürsten ausbricht, warum muß man dann sofort zu den Waffen greifen?

Es gibt Gesetze, es gibt gebildete Menschen, es gibt verehrungswürdige Äbte und ehrwürdige Bischöfe, durch deren heilsamen Rat die kriegerischen Unruhen geschlichtet werden könnten. Warum ernennt man nicht eher diese zu Schiedsrichtern? Man kann bei ihnen nicht auf so ungerechte Menschen treffen, daß man nicht mit geringerem Schaden davonkäme, als wenn man es auf einen Waffengang ankommen ließe. Kaum ein Friede ist jemals so ungerecht, daß er nicht auch dem gerechtesten Krieg vorzuziehen wäre. Erwäge vorher alle Einzelheiten, die ein Krieg erfordert oder mit sich bringt, und du wirst einsehen, welchen Gewinn du davon hast. Der Papst in Rom besitzt die höchste Autorität. Aber wenn Völker, wenn Fürsten sich in gottlosen Kriegen austoben, und dies jahrelang, wo bleibt da die Autorität der Päpste, wo die Macht, die Christus am nächsten kommt? Hier hätte sie sich gewiß einschalten müssen, würden die Päpste nicht selbst von ähnlichen Leidenschaften beherrscht. Ruft der Papst zum Krieg, so gehorcht man. Ruft derselbe zum Frieden, warum leistet man dann nicht ebenso Folge? Wenn sie den Frieden lieber wollen, warum schenkten sie Julius, dem Kriegsanstifter, so begeistert Gehör, warum aber gehorcht kaum einer Papst Leo, wenn er zu Frieden und Eintracht aufruft? Wenn die Autorität des römischen Papstes wirklich hochheilig ist, sollte sie dann am meisten Einfluß gewinnen, sooft er dazu aufruft, was Christus in so einzigartiger Weise lehrte. Im übrigen geben diejenigen, die Julius zu einem tödlichen Krieg aufhetzen konnte, während der allerheiligste Papst Leo sie mit seinen zahlreichen Aufrufen zur christlichen Eintracht nicht in gleicher Weise zu erreichen vermag, klar zu erkennen, daß sie, unter dem Vorwand, der Kirche zu dienen, gelinde gesagt, ihren eigenen Machtgelüsten gefrönt haben.

Wenn ihr der Kriege aus ganzem Herzen überdrüssig seid, so will ich euch einen Rat geben, wodurch ihr die Eintracht bewahren könnt. Ein dauerhafter Friede beruht nicht auf Heirats- und Bündnispolitik, aus der wir häufig Kriege entstehen sehen.

Die Quellen selbst müssen unterbunden werden, aus denen dieses Übel hervorsprudelt; verkehrte Leidenschaften gebären diesen Aufruhr. Wenn jeder seinen Begierden hörig ist, nimmt dadurch das Gemeinwesen schweren Schaden, und zudem erreicht auch der einzelne nicht, wonach er mit schlimmen Mitteln trachtet. Klug sollen die Fürsten sein, und zwar für das Volk, nicht für sich selbst, und sie sollen wahrhaft klug sein, daß sie ihre Würde, ihr Glück, ihren Reichtum und ihren Glanz nach jenen Kriterien bemessen, die wirklich groß und herausragend machen. Ihre Gefühle gegenüber dem Staat seien die gleichen wie die eines Vaters gegenüber seiner Familie. Dann erst halte sich ein König für groß, wenn er über möglichst vortreffliche Staatsbürger regiert, dann für glücklich, wenn er die Seinen glücklich gemacht hat, dann für erhaben, wenn er über möglichst freie Menschen herrscht, dann für wohlhabend, wenn er ein wohlhabendes Volk hat, dann für blühend, wenn er in beständigem Frieden blühende Städte besitzt. Dieser Einstellung des Fürsten sollen auch die Aristokratie und Amtsträger nacheifern. Alles sollen sie an den Staatsinteressen messen, und auf diese Weise werden sie auch ehrlicher für ihre eigenen Interessen sorgen. Wird ein König mit einer solchen Grundhaltung sich etwa leicht dazu bewegen lassen, Geld aus den Seinen herauszupressen, um damit barbarische Landsknechte zu besolden? Wird er seine Untertanen Hungersnöten aussetzen, um ein paar gewissenlosen Söldnerführern die Taschen vollzustopfen? Wird er etwa das Leben der Seinen so vielen Gefahren preisgeben? Ich glaube nicht. Nur so weit soll er seine Macht ausüben, daß er nie vergißt, daß er als Mensch über Menschen gebietet, als Freier über Freie, schließlich als Christ über Christen. Andererseits soll ihm das Volk so viel übertragen, als es der öffentlichen Wohlfahrt förderlich ist. Nichts anderes wird ein guter Fürst fordern, die Gelüste eines schlechten aber wird der einmütige Widerstand der Bürger in die Schranken weisen[67]; die Berücksichtigung des eigenen Vorteils soll auf beiden Seiten ausgeschlossen sein. Die höchste Ehre erweise man denen, die einen Krieg verhindert und durch ihre natürliche Begabung oder ihren Rat die Eintracht wiederhergestellt haben, schließlich auch dem, der alle Hebel in Bewegung setzt, nicht dafür, daß er eine riesige, verschwenderisch mit Kriegsgerät ausgerüstete Streitmacht auf die Beine stellt, sondern dafür, daß er ihrer gar nicht bedarf. Dieses glänzende Konzept soll Diokletian[68] sich als einziger der vielen Kaiser zu eigen gemacht haben. Wenn nun ein Krieg nicht zu vermeiden ist, soll er so geführt werden, daß die schlimmsten Kriegsfolgen auf die Häupter derer zurückfallen, die Anlaß zum Krieg gaben.

Jetzt aber führen die Fürsten ganz ungefährdet Krieg, die Feldherren werden hierbei reich und mächtig, und der größte Teil des Unheils ergießt sich über die Bauern und das Volk, die der Krieg nicht im mindesten interessiert und die selbst überhaupt keinen Anlaß zum Krieg gegeben haben. Wo bleibt da die Weisheit des Fürsten, wenn er dies nicht genau erwägt, wo sein Verantwortungsgefühl, wenn er dies auf die leichte Schulter nimmt? Es müssen Mittel und Wege gefunden werden, die verhindern, daß die Regierungsgewalten so oft wechseln und gleichsam spazierengehen, weil jeder Machtwechsel Tumult erzeugt und Tumult Krieg. Dies dürfte leicht zu erreichen sein, wenn man die Kinder der Könige innerhalb des Herrschaftsgebietes verheiratet, oder, wenn man sie mit einem Grenznachbarn vermählen will, soll für alle die Aussicht auf Erbfolge aufgehoben sein. Ein Fürst soll nicht das Recht haben, irgendeinen Teil seines Hoheitsgebietes zu verkaufen oder abzutreten, als wären freie Gemeinwesen bloß private Besitztümer. Denn die sind frei, über die ein König herrscht, in Knechtschaft aber leben die, welche ein Tyrann unterdrückt. Jetzt kommt es durch die Wechselfälle derartiger Eheschließungen dazu, daß ein gebürtiger Ire unversehens die Inder regiert, oder wer eben noch über Syrien herrschte, plötzlich König von England ist.

Und so kann es geschehen, daß keines der beiden Länder einen Herrscher hat, weil er das frühere verließ und vom folgenden nicht anerkannt wird, ist er doch ein Fremdling und für eine andersartige Welt geboren. Und während er nun das eine Land gewinnt und besiegt und dort seine Macht festigt, saugt er das andere aus und ruiniert es; und bisweilen verliert er beide, wenn er danach trachtet, beide festzuhalten, während er doch kaum imstande ist, eines zu regieren. Es sollte einmal unter den Fürsten Einigkeit darüber erzielt werden, über welches Territorium jeder zu gebieten hat, und die einmal festgelegten Machtsphären dürfte keine Heiratspolitik ausdehnen oder schrumpfen lassen, dürften keine Bündnisse verrücken. Dann wird jeder alles daran setzen, sein eigenes Land zu einem alles überstrahlenden Juwel zu machen. Und während er sein ganzes Streben nur auf dieses eine richtet, wird er danach trachten, es seinen Kindern mit allen Vorzügen reich gesegnet zu hinterlassen. Auf diese Weise wird gewiß alles überall blühen und gedeihen. Im übrigen sollen sich die Fürsten nicht durch Heirats- oder Bündnispolitik, sondern durch ehrliche und lautere Freundschaft untereinander verbinden und besonders im gleichen und einhelligen Bestreben, sich um die Belange der Menschen verdient zu machen. Die Nachfolge des Fürsten aber trete an, wer entweder generationsmäßig der nächste ist oder wer durch eine Volksabstimmung als der geeignetste erachtet wird[69]. Die übrigen Thronanwärter sollen sich damit begnügen, zu den angesehenen Aristokraten gezählt zu werden.

Es ist königlich, keine persönlichen Vorlieben zu kennen und alles nach dem Gemeinwohl zu bewerten. Des weiteren vermeide der Fürst lange Reisen, ja, er möge sogar niemals die Grenzen seines Herrschaftsgebietes überschreiten und sich an das seit vielen Generationen bewährte und allgemein anerkannte Wort erinnern: »Die Stirn ist näher als der Hinterkopf«[70]. Er betrachte sich als mit Reichtum gesegnet, nicht wenn er andern etwas weggenommen, sondern wenn er seinen eigenen Besitz in einen besseren Zustand gebracht hat. Wird über einen Krieg verhandelt, dann ziehe er zur Beratung nicht junge Männer heran, denen ein Krieg deshalb so gefällt, weil es ihnen an Erfahrung mangelt, wieviel Not er mit sich bringt, noch ziehe er jene bei, die von der Störung der öffentlichen Ruhe profitieren und sich vom Unglück des Volkes nähren, ja, sich an ihm mästen. Er berufe gescheite und unbestechliche ältere Männer, deren Vaterlandsliebe außer Zweifel steht. Er soll auch nicht leichtsinnig nach des einen oder anderen Laune einen Krieg anzetteln, weil ein einmal entfesselter Krieg nicht leicht beendet werden kann. Dieses weitaus gefährlichste Wagnis sollte nur mit der Zustimmung des ganzen Volkes in Angriff genommen werden. Die Ursachen des Krieges müssen sofort aus dem Weg geräumt werden. Manchmal soll man ein Auge zudrücken: Gefälligkeit wird zu Gefälligkeit einladen. Bisweilen muß der Friede erkauft werden. Wenn du nämlich ausrechnest, was der Krieg an Mitteln verschlingen würde und wie viele Bürger du vor dem Untergang bewahrst, wird der Kaufpreis gering erscheinen, auch wenn du viel investiert hast, da ja für den Krieg, ganz abgesehen vom Blut deiner Bürger, noch viel mehr aufgewendet werden müßte. Ziehe Bilanz, wieviel Unheil du vermeidest, wie viele Güter du vor dem Untergang bewahrst, und der finanzielle Aufwand wird dich nicht reuen. Die Kirchenfürsten sollen unterdessen ihres Amtes walten, die Priester wahrhaft Priester sein, die Mönche sich ihres Gelübdes erinnern und die Theologen lehren, was Christi würdig ist. Alle müßten sich gegen den Krieg verschwören, alle ihn verlästern. Den Frieden sollen sie im öffentlichen Leben und im privaten Kreis predigen, preisen und einhämmern. Wenn sie dann nicht verhindern können, daß der Konflikt mit Waffengewalt ausgetragen wird, sollen sie es wenigstens nicht billigen und nicht daran teilnehmen, damit nicht einer so verbrecherischen oder gewiß so zweifelhaften Sache durch ihre Autorität Ehre erwiesen werde. Es genüge, den im Krieg Gefallenen ein Grab in ungeweihter Erde zu geben. Sollten unter diesem Menschenschlag ein paar Gute sein – bestimmt sind es nur ganz wenige –, werden sie deswegen nicht um ihren Lohn gebracht werden. Die Gewissenlosen hingegen, welche die große Masse bilden, werden sich weniger behaglich fühlen, wenn man ihnen die letzte Ehre versagt.

Ich rede hierbei von solchen Kriegen, die für gewöhnlich Christen gegen Christen führen. Nicht gleich denke ich freilich über diejenigen, die mit ehrlichem und frommem Eifer den Ansturm einfallender Barbaren abwehren und unter Lebensgefahr die öffentliche Ruhe und Ordnung verteidigen. Heutzutage aber werden Trophäen, die mit dem Blut derer gefärbt sind, für deren Heil Christus sein Blut vergossen hat, in den Kirchen zwischen den Statuen der Apostel und Märtyrer aufgestellt, als sei es fortan ein Zeichen der Frömmigkeit, nicht Märtyrer zu werden, sondern zu machen. Es wäre doch der Ehre vollauf Genüge getan, diese Siegeszeichen auf dem Marktplatz oder in irgendeiner Rüstkammer aufzubewahren. In geweihte Gotteshäuser, die vollkommen rein sein sollen, darf nichts aufgenommen werden, was mit Blut besudelt ist. Die gottgeweihten Priester sollen nur dort mitwirken, wo es gilt, Kriege zu vereiteln. Wenn sie in diesem Punkt einer Meinung sind, wenn sie das überall einschärfen, wird das größte Wirkung zeigen. Wenn es aber eine schicksalhafte Krankheit des menschlichen Geistes ist, daß er es ohne Kriege schlechterdings nicht aushalten kann, warum läßt man dann dieses Unheil nicht lieber über die Türken niederprasseln? Allerdings wäre es besser, auch sie durch Unterweisung, Wohltaten und das Vorbild eines unbescholtenen Lebens für die Religion Christi zu gewinnen, als sie einfach mit Waffengewalt anzugreifen. Doch wenn schon Krieg, wie wir sagten, ohnehin nicht vermieden werden kann, wäre ein Türkenkrieg fraglos ein kleineres Übel, als wenn Christen so gottlos im Schlachtgetümmel aufeinanderprallen. Wenn sie die gegenseitige Liebe nicht zusammenkittet, so wird sie gewiß auf irgendeine Weise ein gemeinsamer Feind verbinden, und es wird doch eine Art Verschmelzung geben, mag auch die wahre Eintracht fehlen.

Schließlich besteht ein Großteil des Friedens darin, ihn aus ganzem Herzen zu wollen. Diejenigen nämlich, denen der Friede wirklich am Herzen liegt, packen jede Gelegenheit zum Frieden beim Schopf; aus Hindernissen machen sie sich nichts oder räumen sie aus dem Weg, und gar manche Zumutung nehmen sie in Kauf, damit ein so großes Gut wie der Friede unversehrt bleibe. Jetzt aber sinnt man darauf, wie die Saat der Kriege aufgehen könnte, und was zur Eintracht beiträgt, macht man schlecht oder übersieht man sogar geflissentlich, was hingegen auf den Krieg hinarbeitet, spielt man absichtlich hoch und macht es noch schlimmer. Es ist beschämend zu berichten, aus welch lächerlichen Anlässen man die größten Tragödien heraufbeschwört und aus welch winzigem Fünklein heftige Feuerstürme entfesselt werden. Dann fällt ihnen jene lange Reihe von Kränkungen ein, und jeder bauscht das ihm zugefügte Unrecht auf, die empfangenen Wohltaten hingegen vergißt er einstweilen so gründlich, daß man schwören könnte, er sei auf Krieg aus. Und oft ist es nur irgendeine Privatangelegenheit unter Fürsten, die die Welt zu den Waffen hetzt. Doch es muß ein überaus bedeutendes öffentliches Interesse auf dem Spiel stehen, dessentwegen man einen Krieg beginnen dürfte. Ja, wo gar kein Grund vorhanden ist, denkt man sich einfach Gründe für Zerwürfnisse aus, indem man zum Schüren des Hasses die Ländernamen mißbraucht. Dabei leisten die Machtträger dieser Verirrung des dummen Volkes noch Vorschub und mißbrauchen sie zu ihrem eigenen Vorteil, und auch gewisse Priester mischen kräftig mit. Der Engländer ist dem Franzosen feind, aus keinem andern Grund, als weil er Franzose ist. Über den Schotten ist der Brite aufgebracht, aus keiner andern Ursache, als weil er Schotte ist. Der Deutsche ist mit dem Franzosen zerstritten, der Spanier mit beiden. O Verrücktheit! Eine nichtssagende Ortsbezeichnung vermag sie zu entzweien! Warum lassen nicht eher so viele andere Dinge sie einander die Hand zur Versöhnung reichen? Du als Brite willst dem Franzosen übel. Warum willst du als Mensch nicht lieber dem Menschen wohl, als Christ dem Christen? Warum zählt bei denen etwas, was nicht der Rede wert ist, mehr als so viele Bande der Natur, so viele einigende Bande Christi? Die Lage des Ortes scheidet nur die Körper, nicht aber die Seelen. Es trennte einst der Rhein den Franzosen vom Deutschen, aber der Rhein trennt doch nicht den Christ vom Christen. Die Pyrenäen sondern die Spanier von den Franzosen ab, aber sie heben doch nicht die Gemeinschaft der Kirche auf. Das Meer scheidet die Engländer von den Franzosen, aber scheidet doch nicht die Religionsgemeinschaft. Der Apostel Paulus ist entrüstet, unter Christen folgende Äußerungen zu hören: »Ich halte es mit Apollos, ich mit Kephas und ich mit Paulus«[71], und er duldet es nicht, daß der alles verbindende Christus mit diesen frommen Gefolgschaftsnamen zerteilt wird. Erachten wir aber nicht den profanen Namen »Vaterland« als triftigen Grund, daß ein Volk ein anderes gänzlich zu vernichten trachtet? Aber ein paar Eisenfresser geben sich nicht einmal damit zufrieden: Mit verkehrt aufgewendeter Mühe suchen sie Handhaben für Konflikte; sie teilen sogar Frankreich auf und reißen mit willkürlichen Ortsbezeichnungen auseinander, was weder Meere noch Berge noch die echten geographischen Namen trennen. Aus Franzosen machen sie Deutsche, damit nicht schon durch den gleichlautenden Namen die Freundschaft Wurzel fasse! Wenn in widerwärtigen Prozessen, zum Beispiel bei einer Scheidung, der Richter den Streitfall nicht ohne weiteres annimmt und nicht jede beliebige Beweisführung gelten läßt, warum läßt man dann im Krieg, dieser widerwärtigsten aller Auseinandersetzungen, jeden noch so an den Haaren herbeigezogenen Grund gelten? Warum bedenken sie nicht lieber die Tatsache, daß diese Welt das gemeinsame Vaterland aller ist, wenn die ehrenvolle Bezeichnung »Vaterland« verbindet, daß alle von den gleichen Vorfahren abstammen, wenn die Blutsverwandtschaft zur Freundschaft führt, und daß die Kirche eine einzige, auf gleiche Weise allen gemeinsame Familie ist. Wenn dieselbe Hausgemeinschaft innige Bande knüpft, so ist es angebracht, daß du in dieser Richtung Überlegungen anstellst. Du siehst deinem Schwiegervater manches nach, nur weil er dein Schwiegervater ist, und läßt bei dem nichts durchgehen, der durch die gemeinsame Religion dein

Bruder ist? Vieles verzeihst du aus Rücksicht auf die Verwandtschaft und nichts der Verbundenheit durch die Religion zuliebe? Sicherlich verbindet kein Band inniger als die Gefolgschaft Christi. Warum schwebt dir immer nur das vor Augen, was die Seele erbittert? Wenn du für den Frieden bist, denke lieber so: Hierin hat er mich gekränkt, aber oft hat er mir zu anderer Zeit gute Dienste geleistet, oder er hat mich auf fremde Anstiftung hin gekränkt.

Und schließlich: Wie bei Homer[72] jene Griechen, die zur Aussöhnung aufrufen, die Schuld für das Zerwürfnis zwischen Agamemnon und Achilles der Göttin Ate[73] anlasten, so soll ab und zu Unentschuldbares dem Schicksal zugeschrieben werden oder, wenn man mag, einem bösen Dämon, und so der Haß von den Menschen auf diese Mächte abgeschoben werden. Warum setzen die Menschen ihren Verstand mehr zu ihrem Verderben ein als zur Erhaltung ihres Glücks? Warum haben sie mehr Augen für das Böse als für das Gute? Die etwas Vernünftigeren erwägen, überlegen und schauen sich um, bevor sie auch nur ein privates Geschäft anpacken. Aber mit geschlossenen Augen stürzen sie sich kopfüber in den Krieg, zumal sich ja, wenn er einmal ausgebrochen ist, nicht verhindern läßt, daß aus einem lächerlich kleinen Krieg ein gigantischer wird, aus einem einzigen mehrere, aus einem unblutigen ein blutiger, und das Ärgste ist, daß dieser Sturm nicht nur den einen oder andern heimsucht, sondern gleichermaßen alle mit sich fortreißt. Wenn das Volk dies zu wenig bedenkt, liegt es gewiß am Fürsten und am Adel, solche Überlegungen anzustellen. Den Priestern kommt es zu, den Menschen mit allen Mitteln diese Gedanken einzutrichtern, sie ihnen, ob sie es wollen oder nicht, einzuhämmern. Sie bleiben am Ende doch in den Köpfen haften, wenn sie überall zu Gehör gebracht werden.

Du hast große Lust auf Krieg? Zuerst erwäge, von welcher Art der Friede ist, von welcher Art der Krieg, was jener an Gutem, was dieser an Bösem mit sich bringt, und dann berechne, ob es sich lohnt, den Frieden mit dem Krieg zu vertauschen. Wenn etwas wirklich bewundernswert ist, dann ein Reich, das mit seinen vortrefflich angelegten Städten, seinen wohlbestellten Feldern, seinen mustergültigen Gesetzen, seinen überaus angesehenen Wissenschaften und seinem hohen Stand der Moral in jeder Hinsicht in Blüte steht. Nun aber bedenke: Diese glücklichen Verhältnisse stürze ich unweigerlich in ein Chaos, wenn ich Krieg führe. Wenn du dagegen einmal die Ruinen der Städte gesehen hast, die niedergerissenen Dörfer, die ausgebrannten Kirchen, die verödeten Felder, und diesen bejammernswerten Anblick in seiner ungeschminkten Wirklichkeit erfaßt hast, so bedenke, daß dies die Frucht des Krieges ist. Wenn du es für etwas Bedrückendes hältst, ein verbrecherisches Pack gedungener Söldner in dein Land zu führen, sie zum Schaden deiner Bürger zu ernähren, ihnen zu Willen zu sein und zu schmeicheln, ja vielmehr noch dich selbst und deinen Zustand des Wohlbefindens ihren Launen auszuliefern, so bedenke, daß dies die Bestimmung des Krieges ist. Wenn du Raubzüge verabscheust: Eben diese lehrt der Krieg. Wenn du Mord verfluchst: Eben diesen erlernt man im Krieg. Denn wie sollte einer noch Hemmungen haben, in Erregung einen einzigen Menschen umzubringen, der, für ein mickriges Handgeld gedungen, so viele Menschen absticht? Wenn die Mißachtung der Gesetze die offenkundigste Verderbnis des Gemeinwesens bedeutet, so wisse: »Unter Waffen schweigen die Gesetze«[74]. Wenn du Vergewaltigung, Blutschande und noch Niederträchtigeres für scheußlich hältst, so wisse: Der Krieg ist der Lehrmeister all dieser Teufeleien. Wenn die Quelle allen Unheils die Gottlosigkeit und Gleichgültigkeit gegenüber der Religion ist, so wisse: Diese verschwindet in den Kriegsstürmen völlig in der Versenkung. Wenn du es als den schlimmsten Zustand eines Gemeinwesens erachtest, wenn die Schlimmsten den größten Einfluß haben, so wisse: Im Krieg haben die ärgsten

Verbrecher das Sagen, und die, die man im Frieden an den Galgen brächte, spielen in Kriegen selbstverständlich die Hauptrolle. Wer nämlich wird die Truppen sicherer auf Schleichpfaden führen als ein geschulter Räuber? Wer wird denn schneidiger Häuser plündern oder Kirchen ausrauben als ein Einbrecher oder Kirchenschänder? Wer wird beherzter den Feind erschlagen und ihm seine lebenswichtigen Teile mit dem Schwert durchbohren als ein Totschläger und Mörder? Wer ist ebenso gut geeignet, Feuerbrände gegen Städte oder Belagerungstürme zu schleudern, wie ein Brandstifter? Wer wird den aufgepeitschten Wogen und sonstigen Gefahren des Meeres ebenso respektlos trotzen wie ein seit langen Jahren im Beutemachen geübter Pirat? Willst du klipp und klar erkennen, was für eine gottlose Sache der Krieg ist, so achte darauf, von welchen Leuten er geführt wird.

Wenn für einen pflichtbewußten Herrscher nichts vordringlicher sein darf als die Sicherheit seiner Untertanen, muß ihm der Krieg mehr als alles andere verhaßt sein. Wenn das Glück des Herrschers darin besteht, über Glückliche zu herrschen, muß er den Frieden mit besonderer Inbrunst in sein Herz schließen. Wenn ein guter Fürst vor allem wünschen muß, über möglichst gute Staatsbürger zu herrschen, muß er den Krieg verwünschen, aus dem die gesamte Jauche der Gottlosigkeit hervorsprudelt. Wenn er alles, was die Bürger besitzen, als seinen eigenen Reichtum betrachtet, dann sollte er den Krieg unter allen Umständen vermeiden. Mag dieser noch so glücklich ausfallen, das Vermögen aller erschöpft er gewiß, und was mit ehrbarem Handwerk erspart wurde, muß für ein paar skrupellose Henkersknechte ausgegeben werden. Ferner sollte man immer wieder folgendes erwägen: Jeden betören seine eigenen Motive und jeden lächelt seine eigene Hoffnung an, obwohl jene oftmals sehr verwerflich sind, die einem Empörten als überaus gerecht vorkommen. Und die Hoffnung trügt nicht selten. Doch stelle dir den gerechtesten Kriegsgrund vor, stelle dir seinen günstigsten Ausgang vor, berechne alle Nachteile, mit denen die Kriegsführung verbunden ist, und alle Vorteile, die ein Sieg mit sich bringt, und sieh dann zu, ob es sich so sehr gelohnt hat zu siegen. Kaum einmal gelingt ein unblutiger Sieg. Nun hast du mit Menschenblut befleckte Untertanen. Dazu rechne die Einbuße an Moral und öffentlicher Disziplin, was durch keinerlei Profit wettzumachen ist. Du erschöpfst deine Staatskasse, plünderst das Volk aus, legst den Guten schwere Bürden auf und stachelst die Übelgesinnten zum Verbrechen an; aber nach Beendigung des Krieges sind nicht sofort auch die Nachwehen des Krieges zur Ruhe gekommen:

Kunst und Handwerk verkümmern, der Handelsverkehr wird gehemmt. Um über einen Feind eine Sperre verhängen zu können, bist du gezwungen, dich zuerst selbst von so vielen Ländern auszusperren. Vor dem Krieg gehörten alle Nachbarländer sozusagen dir, denn der Frieden macht durch den Austausch der Waren alles zu gemeinsamem Besitz. Sieh, was du Großartiges geleistet hast: Jetzt gehört dir kaum mehr, was dein ureigenster Herrschaftsbereich ist. Um ein Städtchen auszulöschen, wie viele Belagerungsmaschinen und Zelte braucht es da? Du mußt eine provisorische Zeltstadt anlegen, um eine wirkliche Stadt zu zerstören, aber für eine kleinere Summe hätte man eine andere, richtige Stadt erbauen können. Damit der Feind seine Stadt nicht verlassen kann, schläfst du wie ein aus seiner Heimat Verbannter unter freiem Himmel. Es hätte dich weniger gekostet, neue Mauern zu errichten, als die bestehenden mit schwerem Kriegsgerät niederzureißen. Ich mag jetzt gar nicht ausrechnen, wieviel Geld zwischen den Fingern der Geldeintreiber, Geldempfänger und Heerführer versickert, aber um ein nettes Sümmchen handelt es sich allemal. Wenn du jeden einzelnen dieser Posten ehrlich nachrechnest und nicht zu dem Schluß gelangst, daß mit dem zehnten Teil dieser Ausgaben der Frieden hätte erkauft werden können, will ich es gleichmütig ertragen, überall kaltgestellt zu werden. Aber meinst du vielleicht, es falle dir ein Zacken aus deiner Krone, wenn du eine Rechtsverletzung nachsiehst? Nein, im Gegenteil, es gibt keinen zwingenderen Beweis für eine niedrige und ganz und gar unkönigliche Gesinnung, als Rache zu üben. Von deiner Hoheit meinst du einiges einzubüßen, wenn du bei den Unterhandlungen mit einem Fürsten aus deiner Nachbarschaft, der womöglich mit dir blutsverwandt oder verschwägert ist und sich vielleicht bei anderer Gelegenheit um dich verdient gemacht hat, ein wenig von deinem Rechtsanspruch abrückst. Aber um wieviel nachhaltiger würdigst du deine Hoheit herab, wenn du Barbarenhorden und das übelste Gelichter der Unterwelt, das niemals zufriedenzustellen ist, immer wieder mit Gold ruhigstellen mußt, wenn du zu den mehr als verwerflichen und zu jeder Untat bereiten Karern[75] schmeichelnd und auf den Knien bittend Gesandte schickst, und wenn du dein Haupt und das Hab und Gut deiner Untertanen dem Schutz jener anvertraust, die sich aus nichts ein Gewissen machen und denen nichts heilig ist. Wenn nun der Frieden irgendeinen in deinen Augen ungerechten Punkt zu enthalten scheint, so denke ja nicht gleich: Das und das verliere ich, sondern: Um diesen Preis erkaufe ich den Frieden.

Es könnte nun aber ein Schlaumeier sagen:

»Leicht würde ich Verzicht leisten, wenn mich die Sache nur privat anginge. Doch bin ich jetzt Fürst und führe wohl oder übel das Staatsgeschäft.« Schwerlich wird der einen Krieg beginnen, der nur das Gemeinwohl im Auge hat. Dagegen sehen wir alle Kriegsursachen aus solchen Zielsetzungen erwachsen, an denen das Volk überhaupt kein Interesse hat. Du willst auf diesen oder jenen Teil eines Herrschaftsgebietes Anspruch erheben: Was hat das mit den Angelegenheiten des Volkes zu tun? Du willst dich an dem rächen, der deine Tochter verstoßen hat[76]: Was berührt das die Belange des Staates? All dies zu erwägen und zu durchschauen zeichnet den wahrhaft weisen und wahrhaft großen Fürsten aus. Wer hat je über ein größeres Reich, wer je glänzender geherrscht als Kaiser Augustus? Und doch wünschte er sogar seine Herrschaft niederzulegen, wenn er jemanden entdeckt hätte, der dem Staat ein segensreicherer Herrscher wäre. Zu Recht ist von vorzüglichen Schriftstellern jener Ausspruch eines anderen Kaisers gelobt worden: »Meine Söhne mögen ruhig umkommen, wenn irgendein anderer dem Staat bessere Dienste leisten könnte«[77]. Eine solche staatsfördernde Gesinnung legten Männer an den Tag, die gemessen an der christlichen Religion »gottlos« waren; christliche Fürsten aber halten das christliche Volk für derart wertlos, daß sie sich durch den entsetzlichsten Weltenbrand rächen oder ihre private Machtgier stillen möchten?

Schon höre ich freilich gewisse Leute sich herausreden mit der Behauptung, sie könnten nicht in Sicherheit leben, wenn sie nicht die Gewalt der Bösen entschlossen abwehren würden. Warum aber sind dann unter den zahllosen römischen Kaisern einzig die Antonine, Pius und der Philosoph, nicht angegriffen worden[78]? Doch nur deshalb, weil niemand sicherer regiert, als wer bereit ist, auch auf sein Amt zu verzichten, das er ja für den Staat und nicht für sich selbst ausübt. Wenn euch schon nichts zu beeindrucken vermag, weder die natürliche Empfindung noch Gefühle der Ehrfurcht noch die Größe des Unglücks, so dürfte euren Sinn doch gewiß die Schmähung des christlichen Namens zur Eintracht bringen. Der wievielte Teil der Erde wird von Christen bewohnt? Aber das ist doch jene Stadt auf dem erhabenen Berg[79], geschaffen als Schauspiel für Gott und die Menschen. Was aber müssen die Feinde des christlichen Namens denken und sagen, was für Schmähworte gegen Christus ausspeien, wenn sie die Christen so untereinander kämpfen sehen, aus geringfügigeren Anlässen als die Heiden, grausamer als die Gottlosen und mit abscheulicheren Kriegsmaschinen als sie selbst? Wer hat denn die Kanone erfunden? Etwa nicht die Christen? Und damit die

Sache noch empörender wird, werden diese mit den Namen der Apostel versehen und deren Abbilder in sie eingraviert. O grausige Verhöhnung! Richtet Paulus, jener unermüdliche Friedensmahner, eine solche Höllenmaschine auf einen Christen? Wenn wir die Türken zur Religion Christi bewegen wollen, so seien wir zuerst selbst Christen! Niemals werden jene das glauben, so wie die Dinge liegen; sie dürften nämlich erkennen, daß nirgends mehr gewütet wird als bei den Christen, was doch Christus mehr als alles andere verwünscht hat. Und worüber sich ein Heide wie Homer bei Heiden wundert, daß man auch von allen angenehmen Dingen wie Schlafen, Essen, Trinken, Tanzen und Musizieren schließlich genug bekommt, nur vom unseligen Krieg nicht[80], das trifft ganz zweifellos auf die zu, denen selbst schon das Wort Krieg ein Greuel sein müßte. Das rasende Rom, jene einst so kriegslüsterne Macht, sah doch seinen Janustempel einige Male geschlossen[81]. Wie ist es da zu verantworten, daß es bei euch keine Ruhepausen im Kriegführen gibt? Mit welcher Unverfrorenheit werdet ihr ihnen Christus, den Friedensstifter, verkünden, wenn ihr euch selbst in ununterbrochenen Auseinandersetzungen wütend bekämpft? Und was glaubt ihr, welchen Mut eure Uneinigkeit den Türken einflößt? Nichts ist nämlich leichter, als Zerstrittene zu besiegen. Wollt ihr ihnen

Schrecken einjagen? Dann seid einig! Warum mißgönnt ihr euch ohne Not die Annehmlichkeit des gegenwärtigen Lebens und wollt die künftige Glückseligkeit verspielen? Das Leben der Sterblichen ist an sich vielen Übeln ausgesetzt, einen Großteil der Mühsal aber wird ihm die Eintracht abnehmen, sofern nur einer den andern mit gegenseitigen Gefälligkeiten tröstet oder unterstützt. Wenn einem etwas Gutes zuteil wird, macht es die Eintracht noch angenehmer und mehr als einem zugänglich, wenn der Freund dem Freund einen Anteil gewährt und der Wohlwollende dem Wohlwollenden seine Mitfreude ausdrückt. Wie kümmerlich und wie schnell vergänglich ist doch das, um dessentwillen unter euch Kriegsgetümmel herrscht! Der Tod bedroht alle, die Könige nicht minder als die einfachen Leute. Was für ein Chaos löst doch so ein Geschöpfchen aus, das bald wie Rauch verschwinden wird! An der Tür aber wartet die Ewigkeit. Welchen Sinn hat es dann, sich für diese schattenhaften Dinge so abzuplagen, gerade als ob unser Leben unsterblich wäre? O diese Elenden, die nicht an jenes selige Leben der Frommen glauben oder darauf hoffen! Unverschämte, die fest damit rechnen, aus Kriegen führe ein Weg dorthin, obwohl es doch nichts anderes ist als eine unbeschreibliche Gemeinschaft glückseliger Geister, wo schon vollkommen in Erfüllung gehen wird, worum Christus seinen himmlischen Vater so inständig gebeten hatte, daß sie so untereinander verbunden werden mögen, wie er selbst mit dem Vater verbunden sei[82]. Wie aber könnt ihr zu dieser höchsten Einigkeit tauglich sein, wenn ihr euch nicht inzwischen nach Kräften darauf einstimmt? Wie nicht plötzlich aus einem unflätigen Prasser ein Engel wird, so wird auch nicht plötzlich aus einem blutrünstigen Krieger ein Gefährte der Märtyrer und Heiligen. Ach, es ist schon genug und mehr als genug Christenblut vergossen worden, wenn Menschenblut zu wenig zählt, genug Raserei zu gegenseitiger Vernichtung hat stattgefunden, genug wurde bis jetzt den Furien und dem Orkus geopfert, lange genug das Drama aufgeführt, an dem sich die Augen der Türken weiden. Kommt doch endlich wieder einmal zur Vernunft, nachdem ihr allzu lange das Elend der Kriege ertragen habt! Alles, was bisher an Tollheiten verübt wurde, laste man dem Schicksal an. Die Christen sollten beschließen, was einst die Heiden beschlossen haben: Eine Amnestie der früheren Missetaten. Bemüht euch künftig in gemeinsamen Beratungen mit aller Kraft um den Frieden, und zwar so, daß er nicht durch Hanfschnüre, sondern durch massive, unzerreißbare Stahltrossen zusammengehalten werde.

An euch appelliere ich, ihr Fürsten, von deren

Nicken die Geschicke der Menschen entscheidend abhängen, die ihr das Abbild des Fürsten Christus unter den Sterblichen verkörpert. Vernehmt die Stimme eures Königs, der zum Frieden aufruft. Bedenkt, daß die ganze Welt, die durch das jahrelange Elend erschöpft ist, dies leidenschaftlich von euch fordert. Wenn einer sich auch jetzt noch immer gekränkt fühlt, ist es nur recht und billig, dem gemeinsamen Wohlergehen aller zuliebe darunter einen Schlußstrich zu ziehen. Die Sache ist zu wichtig, als daß man sie aus geringfügigen Gründen auf die lange Bank schieben dürfte. Ich appelliere an euch, ihr gottgeweihten Priester: Verwirklicht durch all euren Eifer das, wovon ihr wißt, daß es Gott am wohlgefälligsten ist. Merzt aus, was ihm am meisten verhaßt ist. Ich appelliere an euch, ihr Theologen: Predigt das Evangelium des Friedens, laut verkündet ihn unablässig den Ohren des Volkes! Ich appelliere an euch, ihr Bischöfe und sonstigen kirchlichen Würdenträger: Möge eure Autorität das Gewicht haben, den Frieden mit ewigen Banden zu sichern. Ich appelliere an euch, ihr Großen des Landes und an euch, ihr Amtsträger: Eure Gesinnung unterstütze die Weisheit der Könige und die Pflichttreue der Päpste. An euch appelliere ich ohne Unterschied des Ranges, die ihr als Christen geltet: Wirkt einmütigen Sinns auf dieses Ziel hin! Zeigt jetzt, wie viel die

Eintracht der Masse gegen die Tyrannei der Mächtigen vermag! Hierzu sollten alle in gleicher Weise all ihre Vorschläge einbringen. Ewige Eintracht möge die verbinden, die schon die Natur durch so vieles verbunden hat, Christus aber noch durch mehr. In gemeinsamem Bemühen sollen alle darauf hinarbeiten, was zum Segen aller gleichermaßen beiträgt.

Dazu fordert ja alles auf: Zuerst allein schon das natürliche Empfinden und auch – wenn ich so sagen darf – die Menschlichkeit selbst; alsdann der Fürst und Stifter allen menschlichen Glücks: Christus; dazu kommen die unzähligen Vorteile des Friedens und die zahlreichen Katastrophen des Krieges; dazu ruft auch das Verantwortungsgefühl der Fürsten auf, die jetzt, wie unter göttlicher Eingebung, dem Frieden geneigt sind. Da ist der Frieden stiftende und sanftmütige Leo[83], der allen mit dem Banner voranging, indem er zum Frieden aufrief und darin sich wahrhaft als Stellvertreter Christi erwies. Wenn ihr wirklich seine Schafe seid, so folgt eurem Hirten! Wenn ihr seine Söhne seid, so hört auf euren Vater! Es ruft dazu jener nicht nur dem Titel nach »allerchristlichste« König der Franzosen, Franz[84], auf, der sich weder zu schade ist, den Frieden zu erkaufen, noch auf seine Königswürde Rücksicht nimmt, wenn er nur für den allgemeinen Frieden sorgen kann; damit lehrt er, daß es wahrhaft ruhmreich und königlich sei, sich um das menschliche Geschlecht möglichst große Verdienste zu erwerben. Es ruft dazu der hochberühmte Fürst Karl[85] auf, ein junger Mann von unverfälschtem Charakter. Auch Kaiser Maximilian sträubt sich nicht dagegen, ebenso wenig verweigert sich der ruhmreiche König Heinrich[86] von England. Es ist nur recht und billig, daß die übrigen dem Beispiel so bedeutender Fürsten willig folgen. Der weitaus größte Teil des Volkes verwünscht den Krieg und erfleht den Frieden. Nur ein paar wenige, deren gottloses Glück vom allgemeinen Unglück abhängig ist, wünschen den Krieg. Beurteilt selbst, ob es fair ist oder nicht, daß deren Verkommenheit größeren Einfluß hat als der Wille aller Guten. Ihr seht, daß bis jetzt nichts durch Bündnispolitik zustande gebracht wurde, nichts durch Heiratspolitik gefördert wurde, nichts durch Gewaltanwendung, nichts durch Vergeltungsmaßnahmen. Probiert nun im Gegensatz dazu aus, was Versöhnlichkeit und Güte vermögen. Krieg wird aus Krieg gezeugt, und Rache zieht Rache nach sich. Nun aber möge Wohlwollen Wohlwollen schaffen und Wohltat zu Wohltat ermuntern, und als der Königlichste gelte der, der am weitesten auf seinen Rechtsanspruch verzichtet hat. Menschliche Bemühungen allein haben keinen Erfolg, aber Christus selbst wird die gottgefälligen Versammlungen segnen, die er auf seine Veranlassung und unter seinem Schutz abgehalten sieht. Er wird hilfreich gegenwärtig sein, sie mit seinem göttlichen Hauch anwehen und denen seine Förderung zukommen lassen, die das fördern, was er selbst am meisten gefördert hat; das allgemeine Wohl sollte sich gegenüber den privaten Begehrlichkeiten durchsetzen. Während man sich dieses Anliegens annimmt und die Lebensumstände eines jeden besser werden, wird gleichwohl die Herrschaft für die Fürsten würdevoller, wenn sie über fromme und glückliche Menschen gebieten, so daß sie mehr durch Gesetze als mit Hilfe der Waffen regieren. Das Ansehen der Aristokraten wird höher und echter, die Mußezeit der Priester ungestörter und der Wohlstand des Volkes im Frieden größer und der Frieden im Wohlstand gesicherter. Der Name Christi wird den Feinden des Kreuzes stärkeren Schrecken einjagen. Schließlich werdet ihr, jeder dem andern und alle allen, teuer und liebenswert sein, vor allem aber Christus willkommen, dem zu gefallen die höchste Seligkeit bedeutet.

Ich habe gesprochen.

ANMERKUNGEN

1 Im Altertum wurden die Weinreben an Ulmen hochgezogen. Das Verbinden von Ulme und Rebe hieß *maritare* (»vermählen«).

2 *Kirke*: Zauberin auf der Insel Aiaia, verwandelt wie alle Fremden auch einen Teil der Mannschaft des Odysseus durch Zaubertrank und Berührung mit dem Zauberstab in Tiere (vgl. Homer, *Odyssee*, 10, 135 ff.).

3 Richtig hat man beobachtet, daß der Storch seine Jungen mit Sorgfalt und Wachsamkeit aufzieht. Dagegen entsprang der Topos von der Pietät des Storches gegen seine Eltern (Aristophanes, *Vögel*, 1353 ff. u.a.) reiner Phantasie. *Pelargos*: Storch. *Antipelargosis*: Storchenliebe, das heißt die Erwiderung der Elternliebe durch die Kindesliebe.

4 *Thomisten* und *Scotisten*: Anhänger der scholastischen Philosophen Thomas von Aquin und Duns Scotus.

5 *Realisten* und *Nominalisten*: Zwei Philosophenschulen der mittelalterlichen Scholastik. Die Realisten erkennen den allgemeinen Ideen die höhere Wirklichkeit gegenüber den Einzeldingen zu. Für die Nominalisten sind nur die Einzeldinge wirklich; in ihren Augen sind die allgemeinen Begriffe nicht in der Wirklichkeit, sondern nur in unserem Intellekt vorhanden, sie sind bloß Namen.

6 *Peripatetiker* und *Platoniker*: Anhänger der Philosophen Aristoteles und Platon.

7 Erasmus war regulierter Kanoniker des Augustinerordens, der den weißen Habit trug.

8 1 *Kor*. 6, 6.

9 *Bernardiner*: Reformkongregation innerhalb des Zisterzienserordens (oder: eine nach Bernardin von Siena benannte Gruppe von Observanten im Franziskanerorden).

10 Der Franziskanerorden.

11 Die *Observanten* bildeten die strenge, die Regel wörtlich befolgende Kongregation im Franziskanerorden gegenüber den

Konventualen, die Erasmus als »dritte Gruppe« bezeichnet. Die *Coleten*, die besonders in Nordfrankreich und Belgien verbreitet waren, stellten eine Teilgruppe der Observanten dar. Ihr Name leitet sich von Ni*colette* Boylet (1381-1447) her, die Klarissenkonvente wie auch einige Franziskanerklöster in Richtung strengerer Befolgung der Regel reformiert hat (Angaben aus: Opera Omnia IV, 2 ,1977, S.69).

12 Silius Italicus, *Punica* 11, 592 f.

13 *Psalm* 76, 3.

14 *Isaias* 32, 17.

15 1 *Kor*. 13, 11.

16 *Röm*. 15, 33; *Phil*. 4, 9; 1 *Thess*. 5,23.

17 *Phil*. 4, 7.

18 *Isaias* 52, 7.

19 Vgl. *Dt*. 32, 35; *Psalm* 94, 1; *Jr*. 51, 56.

20 *Isaias* 32, 18.

21 *Psalm* 125, 5.

22 *Isaias* 52, 7.

23 1 *Chr*. 22, 6 ff.

24 *Lk* 24, 36; *Jo* 20, 19.

25 *Jo* 13, 34; 15, 17.

26 *Jo* 14, 27.

27 *Jo* 17, 11.

28 *Jo* 13, 35.

29 *Mt* 6, 9.

30 *Jo* 10, 11.

31 *Jo* 15, 1 ff.

32 *Mt* 5, 39.

33 *Mt* 5, 44.

34 *Mk* 10, 44; *Lk* 22, 26.

35 *Mt* 6, 26-28.

36 *Mt* 6, 34.

37 *Mt* 19, 23, 24.

38 *Mt* 11, 29.

39 *Mt* 5, 23 f.

40 *Mt* 23, 37.

41 *Mt* 21, 42.
42 *Lk* 23, 12.
43 *Mt* 26, 52.
44 *Apg.* 1, 9.
45 *Mt* 18, 20.
46 *Apg.* 4, 32.
47 Das heißt: Gemeinde, Kirche.
48 *Gal.* 3, 28.
49 Skythen: Nur in griechisch-lateinischen Quellen gebräuchlicher Name für ein ostiranisches Reiternomadenvolk, das seit dem 9./8. Jh. von den mittelasiatischen Steppen in seine historischen Wohnsitze zwischen Don und Karpaten eingewandert ist.
50 Vgl. Augustinus, *Civ.* 19, 11, und *Hebr.* 12, 22.
51 Vgl. *Adag.* 1071.
52 Friedensschlüsse zwischen dem Sultan und Venedig sind 1503, 1514 und noch 1517 verzeichnet.
53 Als Beispiele wären zu nennen die unsicheren Ansprüche Ludwig XII. von Frankreich auf Neapel und Mailand, der Anspruch des englischen Königs auf den Titel »Rex Franciae« oder der Dänen auf das Königreich England.
54 *Dionysius*: Dionysios II., grausamer und charakterschwacher Tyrann von Syrakus.
Mezentius: »Der Verächter der Götter« (Vergil, *Aeneis* 7,648), verhaßter Tyrann der Etruskerstadt Caere.
55 *Gemeines Volk:* Vergil, *Aeneis* 1, 149.
56 Vgl. Vergil, *Aeneis* 9, 612; Ovid, *Tristia* IV, 1, 74.
57 Ovid, *Amores* 1, 9, 4.
58 Anspielung auf Papst Julius II. (1443-1513).
59 *Isaias* 52, 7.
60 Sueton, *Titus* 9, 1.
61 Erasmus denkt an Julius II. und an Kardinal Schiner, der jede Friedenspolitik strikt ablehnte.
62 Gedacht ist wahrscheinlich an die Liga Julius' II. vom Oktober 1511 mit Spanien und Venedig, der sich später auch Maximilian I. und Heinrich VIII. anschlossen.

63 Anspielung auf die »heilige« Liga.

64 Julius II. ernannte Schiner wegen seiner Verdienste um die Kriege zum Kardinal und setzte ihn als päpstlichen »Legaten« – ursprünglich ein militärischer Titel – für die Lombardei, die Schweiz und Deutschland ein.

65 Vielleicht eine Anspielung auf das Feldzeichen der Schweizer.

66 Platon, *Politeia* V, 470 cd; vgl. *Institutio Principis Christiani* ASD IV, 1, p. 214, l. 500 ff.

67 Erasmus schwebt als ideale Staatsform eine durch aristokratische und demokratische Elemente abgemilderte Monarchie vor.

68 Diokletian: Römischer Kaiser (284-305 n.Chr.). Die im Text aufgestellte Behauptung der Pax klingt problematisch.

69 Wahl des Geeignetsten aus der Reihe der Adligen und hohen Magistraten durch die Stände. Oder aus allen Teilen des Volkes? Da es sich um eine Wunschvorstellung des Erasmus handelt, könnte der Begriff *populus* an dieser Stelle weit gefaßt sein.

70 Das heißt, die Gegenwart des Herrn nützt mehr als die seines Stellvertreters; die Quelle des Diktums ist Cato *De Agricultura* IV, 1. Die beiden Kernpunkte der Stelle sind: Vorrang des öffentlichen Wohls und Pflicht zur Anwesenheit des Fürsten im Lande.

71 1 *Kor.* 1, 12. Drei Parteien innerhalb des Christentums zur Zeit der Missionstätigkeit des Apostels Paulus.

72 Vgl. Homer, *Ilias* 9, 505 und 19, 91.

73 Ate: Göttin der Verblendung und Schuld.

74 Cicero, *Pro Milone* 4, 10.

75 Völkerschaft in Südwestkleinasien. Die Ureinwohner galten als stumpfsinnig; Karer waren die am geringsten geschätzten Sklaven der Antike.

76 Margareta, die Tochter Maximilians I., war von Karl VIII. verstoßen worden.

77 Vgl. *Historia Augusta*, *Avid. Cass.* 2, 8.

78 Die Kaiser Antoninus Pius (138-161) und Marcus Aurelius Antoninus (161-180).

79 Vgl. *Mt* 5, 14.

80 Vgl. Homer, *Ilias* 13, 636-639.

81 In Friedenszeiten wurde in Rom der Janustempel geschlossen. Unter Augustus geschah dies dreimal. Die Vorstellung war, daß der Krieg eingesperrt oder der Friede festgehalten wird.

82 *Jo* 17, 20 ff.

83 Papst Leo X.

84 Franz I. Der Papst verlieh diesen Titel 1469 den französischen Königen.

85 Der spätere Kaiser Karl V.

86 Heinrich VIII. von England. Nahezu zur selben Zeit kamen in Europa junge, unverbrauchte Herrscher an die Macht: Heinrich VIII. regierte in England seit 1509, Franz I. in Frankreich seit 1515; Ludwig II. wurde 1516 König von Ungarn und Böhmen. Ebenfalls 1516 erbte Karl I., später dann seit 1519 als Karl V. letzter deutscher König und römischer Kaiser, Spaniens Thron und die Regierung des Herzogtums Burgund. Papst Leo X. hatte bereits 1513 die Nachfolge des kriegerischen Julius II. angetreten.

NACHWORT

»Kommt doch endlich wieder einmal zur Vernunft…!
Klage des Friedens

Einen winzigen Augenblick lang schien es, als könnte die endlose Kette der Kriege unterbrochen werden. Nach mehreren zwischenstaatlichen Abkommen hatten sich die verfeindeten dynastischen Parteien Europas darauf geeinigt, am 2. Februar 1517 in Cambrai einen internationalen Friedenskongreß abzuhalten. Zu lange hatten sich Deutsche und Franzosen um das Erbe Karls des Kühnen und besonders um die Macht in Italien gestritten, zu weit hatte sich der Flächenbrand der Kriege mit der Beteiligung Englands, Spaniens und besonders des kriegsfreudigen Papstes Julius II. durch ganz Europa gefressen. Aber die Hoffnung zerrann, so schnell sie gekommen war. Zuerst wurde das Gipfeltreffen der Fürsten auf den April verschoben, dann abgeblasen. Die Geschichte nahm eine Wendung, die Erasmus 1523 in seiner bekannten Erklärung beklagt hat: »Nun haben sich die Dinge so entwickelt, daß man dem Frieden einen Grabstein setzen muß, da ja keine Hoffnung besteht, daß er wieder einmal obenauf schwingen wird.« Bald lagen die Fürsten Europas wieder miteinander in jahrzehntelangem blutigen Kampf.

Erasmus, der zeitlebens an der Friedlosigkeit Europas litt, erhielt den Auftrag zur Abfassung der *Klage des Friedens* von Jean Le Sauvage, dem Kanzler des Burgunderherzogs Karl., des späteren Karl V. Sie sollte alle pazifistischen Kräfte für den geplanten Friedenskongreß mobilisieren. Erasmus hatte sich mit dem Adagium *Dulce bellum inexpertis* (»Krieg ist nur süß für die, die ihn nie erfahren haben«) von 1515 und der *Institutio Principis Christiani* von 1516, die er dem jungen Burgunderherzog gewidmet hatte, für diesen Auftrag empfohlen. Nach Mitte August 1516 beginnt er mit der Arbeit, im Frühjahr 1517 beendet er sie, und im Dezember desselben Jahres erscheint sie bei Johannes Froben in Basel. Mit dem Scheitern der Friedensverhandlungen war die Schrift, nimmt man den politischen Zweck, dem sie dienen sollte zum Maßstab, bei ihrem Erscheinen bereits überholt. Aber weit über die aktuelle Politik der Jahre 1516/1517 hinaus wurde von den Zeitgenossen und erst recht von späteren Generationen deren zeitlose Bedeutung erkannt. Die *Querela* ist mehr als eine Denkschrift zur Tagespolitik, sie ist ein Kondensat der gesamten erasmischen Friedenskonzeption.

Bereits im März 1518 erscheint *Die Klage des Friedens* auch bei Dirk Martens in Löwen, im November eine zweite Auflage bei Froben. In den folgenden 150 Jahren erreichte das Werk 35 Ausgaben in lateinischer Sprache. Auch Übersetzungen folgen bald in rascher Folge: Schon 1521 erscheinen zwei deutsche Übersetzungen, eine von Georg Spalatin in Augsburg und eine vom Leuteprediger Leo Jud in Zürich. Die erste spanische Übersetzung wurde 1520 in Sevilla gedruckt: »Tractato de las querellas de la paz«. Diese Übersetzung stand bald auf dem Index des Generalinquisitors. 1525 verurteilte die Pariser theologische Fakultät das Manuskript der ersten französischen Übersetzung der *Querela* (»Complainte de la Paix«) und ließ es öffentlich verbrennen. Deren Urheber, Louis de Berquin, wurde 1529 als rückfälliger Ketzer hingerichtet, primär unter dem Vorwand, ein Sympathisant Luthers zu sein, aber auch, weil er Erasmus' Friedensthesen in seine Muttersprache übertragen hatte. 1559 erfolgte die erste englische Übersetzung durch Thomas Paynell, die in Krisenzeiten immer wieder neu gedruckt wurde, so 1917 in Chicago, als die USA in den ersten Weltkrieg eintraten. 1567 lag der Text auf Niederländisch vor. Inzwischen wurde dieser »Psalm christlicher Eintracht«, wie ihn Huldrych Zwingli nennt, in viele Sprachen der Welt übersetzt, so ins Russische

(1955), Polnische, Ungarische, Japanische. José Chapiro gab 1950 seiner Übertragung der *Querela* die Überschrift »peace protests« und widmete sie den »Vereinten Nationen«, deren Ideale die des Erasmus seien, dieses »herald of a united world«.

Erasmus hat die Klage über den heillosen Zustand der Welt der Pax, der Personifikation des Friedens, in den Mund gelegt. Dadurch gewinnt die Darstellung an Lebendigkeit und Eindrücklichkeit. Es ist keine theoretische, sondern eine stark rhetorische Abhandlung, die über weite Strecken Appellcharakter hat, was sich in den zahlreichen Fragen und Ausrufen auswirkt. Da zu Erasmus' Zeiten die Monarchie als Staatsform die Regel ist, wendet sich die Pax an einen Fürsten, der stellvertretend für alle Machtträger steht.

Der Frieden tritt im lateinischen Original, dem grammatischen Geschlecht von pax entsprechend, als Friedensgöttin auf. So gibt denn Brigitte Hannemann in ihrer Übertragung (1984) den Untertitel, nicht aber, wie sie es konsequenterweise tun müßte, auch den Titel mit »Die Klage der Friedensgöttin« wieder, was sie in ihrer »historischen Einleitung« lebhaft verteidigt. Unsere Übersetzung bleibt beim traditionellen »Frieden«, in der Überzeugung, daß wir beim Lesen des Textes weder an eine Frau noch an einen Mann, sondern an die Macht des Friedens denken, der nun einmal in der deutschen Sprache männlichen Geschlechts ist. Dagegen tritt in diesem Nachwort weiter unten gelegentlich aus stilistischen Gründen die Pax auf. Eine Inspirationsquelle für Erasmus mag die Darstellung der PAX durch Ambrogio Lorenzetti aus den Jahren 1338/39 in der »Sala della Pace« im Palazzo Publico in Siena gewesen sein, wo er sich 1509 mehrere Monate aufgehalten hat. Gewißheit aber besitzen wir nicht, liegen doch darüber keine Mitteilungen des Humanisten vor. Daß Erasmus die Stelle bei Hesiod, *Theogonie* V. 902 kannte, wo von der »blühenden Eirene«, der griechischen Friedensgöttin, die Rede ist, der Tochter des Zeus und der Themis, ist sehr wahrscheinlich, ja, es könnte sein, daß er das Motiv der Pax-Klage aus dem anderen großen Werk des Hesiod schöpfte, den *Erga* V. 220 ff., wo geschildert wird, wie Dike, die Göttin der Gerechtigkeit » weinend durch Städte und Länder der Völker geht« und sich später bei Zeus beklagt. Den Rechtsbeugern bringt sie Verderben, den rechtlich Gesinnten aber gedeiht der Frieden, der den Bürgern der Polis und vor allem deren Jugend ein blühendes Leben sichert. Ferner hat gewiß auch die römische Personifizierung des Friedens in der Ara Pacis und Senecas *De clementia* (wo die Milde als Person auftritt) Erasmus dazu inspiriert, den Frieden als Allegorie auftreten zu lassen.

Otto Herding hat in seiner informativen Einleitung zur Amsterdamer Ausgabe (1977) darauf hingewiesen, daß es noch eine ältere Friedensklage als die des Erasmus mit dem Wort »Querela« im Titel und in der Form einer Rede des Friedens gibt, die des Mailänder Patriziersohns und Augustinereremiten Andrea Biglia in einer (noch ungedruckten) Handschrift aus dem Jahre 1424. Ihr Titel lautet: *Querelle pacis f(ratris) B.(ilii) Andree m(ediolanensis)*. »Er schrieb aus einer nicht minder großen Sorge um die Erhaltung des Friedens zwischen den ›Großmächten‹ seines Landes, Mailand und Florenz vor allem, im Jahre 1423« (O. Herding, S.32). Gekannt hat Erasmus den Text zwar nicht, aber die beiden Abhandlungen zeigen, entsprechend der Ähnlichkeit der Situation, einige parallele Gedankengänge und, mindestens an einer Stelle, eine weitgehend identische Formulierung.

Klage, Aufruf, Hoffnung: Die Gedanken der PAX

Der Frieden, oder eben, wie oben erörtert, die Pax, bezeichnet sich gleich zu Anfang selbstbewußt als »Quell allen menschlichen Glücks«, als »Wohltäter« sowie als »Begründer und Erhalter von allem«. Es ist der »Gipfel der Tollheit, sich die Segnungen des

Friedens freiwillig zu versagen«. Die im Wahn des Kriegs Befangenen nehmen die Schwere ihrer Krankheit selbst nicht wahr. In einer langen Synkrisis werden der Frieden als Voraussetzung jeglichen Gedeihens und der Krieg als Verursacher höchster Not (»ein wahrer Ozean jeglichen Übels«) einander gegenübergestellt. Der Frieden mehrt und fördert das Leben, der Krieg läßt es schrumpfen und zerfallen. Wer den Krieg bejaht, dem ist der gesunde Verstand abhanden gekommen.

Obwohl der Mensch als Krone der Schöpfung »mit Vernunft begabt und für den göttlichen Geist empfänglich und zu Wohlwollen und Eintracht fähig ist«, fällt er, wenn er Krieg führt, unter die Stufe der vernunftlosen Tiere, die »ihr Dasein innerhalb der eigenen Gattung gesittet und einträchtig verbringen«. Dabei könnte er sich die universelle Harmonie widerstrebender Kräfte in Makro- und Mikrokosmos als Vorbild der Eintracht nehmen. Die klagende Pax stellt einen von den Planetenbahnen über das Tierreich bis hin zu den Pflanzen und Mineralen wirkenden »Sinn für Frieden und Eintracht« fest. Selbst unter Raubtieren wendet sich die aggressive Energie nie gegen Artgleiche, ja, sogar im Reich der von Gott getrennten bösen Geister finden sich die zerstörerischen Kräfte im Verfolgen ihrer Ziele einträchtig zusammen. Alles rät dem Menschen zur

Eintracht: Die Vorteile des Friedens und die verheerenden Folgen des Krieges, die allen Menschen innewohnende geistige und physische Grundkonstitution und nicht zuletzt seine mangelnde Autarkie.

Wenn nicht die Gewöhnung das Befremden über und das Wahrnehmungsvermögen für das Böse schwinden ließe, müßten die Menschen die sich Bekriegenden als Unmenschen erkennen. Die in der gesamten Natur und in der Gattung Mensch selbst wahrzunehmenden Paradigmata zu versöhnlichem Leben fruchten in der Sicht der Pax nichts. Aber auch die Lehre Christi hat bei ihren Bekennern keinen Einfluß. Nirgends findet der Frieden eine Heimstätte, so sehr »ist alles durch Entzweiung verseucht«. Alle verstoßen die asylsuchende Friedensgöttin: Das wankelmütige Volk, die verlogenen Fürsten, die Philosophen und Theologen mit ihren engstirnigen Formalismen und giftigen Verunglimpfungen, die streitsüchtigen Priester und Bischöfe und ganz besonders die in zahlreiche Orden aufgeteilten Ordensleute, die selbst innerhalb derselben Gemeinschaft in Fraktionen zerspalten sind. Der Frieden findet selbst das bescheidenste Klösterchen durch Haßgefühle vergiftet. Auch unter den Eheleuten, die sich zu inniger Gemeinschaft des Herzens und Leibes verpflichtet haben, regiert »die Eris, jene verfluchte Göttin des Streites«. Nicht einmal im Herzen eines einzigen Menschen findet der Frieden Aufnahme, liegen doch in ihm Vernunft und Leidenschaft in beständigem Widerstreit. Die Menschen leben im Widerspruch zu dem, »was den Wesenskern Christi ausmacht«. Ohne die Präsenz und Einwirkung Gottes kann es keinen Frieden geben, und wo Krieg herrscht, ist Gott abwesend. Das Zeichen der Liebe ist die Signatur des Christenmenschen, nicht die Befolgung von Ritualen. Was die Pax vor allem erschüttert, ist die groteske Diskrepanz von nichtigem Kriegsanlaß und heraufbeschworenem Kriegselend, während Christus doch Sanftmut, Gewaltlosigkeit und Versöhnlichkeit predigt. Ungeduldig und leicht entmutigt fragt der Friede: »Wie lange noch wird das Leben mit der Lehre Christi im Streit liegen?« und: »Bewirken die vielen Sakramente nichts?« Das Sakrament des Abendmahls müßte doch unter Christen Liebe und Einheit stiften, knüpfen doch selbst der Bluttrank unter Skythen und die gemeinsamen Mähler der Heiden innige Bande der Freundschaft. Wie später Alfred Andersch in der ›Schulgeschichte‹ *Der Vater eines Mörders* die verzweifelte Frage stellen sollte: »Schützt Humanismus denn vor gar nichts?«, entfährt der Pax, hinter der man hier ganz besonders deutlich Erasmus klagen hört, die resignierte Frage: »... hat denn Christus selbst mit all seinen Geboten, Mysterien und

Symbolen nichts ausgerichtet?« Und ein weiteres Mal weist die Pax auf die überaus fragile und ephemere Natur der Menschen hin, die auch ohne selbstbewirktes Leid genug an Plagen zu tragen haben. Der größte Teil des menschlichen Unheils ist aber selbstverursacht, und die Motive zum Kriegführen sind leicht durchschaubar: Ehrgeiz, Zorn und unersättliche Habsucht. Hartnäckig wiederholt die Pax in kreisenden Denkbewegungen, so als wollte sie den Irrwitz der Kriege selbst nicht glauben, die gleichen Gedanken. Die Kriege haben ihren Ursprung vorwiegend in den Ambitionen der Mächtigen. Sie werden auf Kosten des Volkes geführt, das an diesen Störungen der Ordnung überhaupt kein Interesse hat. Und es ist gerade der Klerus, vom einfachen Priester und Mönch bis zum Papst, der fanatisch zum Krieg aufhetzt. In Pervertierung der Begriffe gilt als »dumm und gottlos«, wer für den Frieden eintritt. Besonders anstößig ist der Mißbrauch des Kreuzes, des Zeichens des Heils, auf den Fahnen, die in die Schlachten getragen werden. Jeder Abschnitt des »Vaterunser« hält den zum Brudermord Eilenden das Ungeheuerliche ihres Tuns vor Augen. Schmerzlich vermißt die Pax ein Machtwort der Päpste zugunsten des Friedens. Julius, dem Kriegsanstifter, schenkt die Welt begeistert Gehör, aber kaum einer gehorcht Papst Leo, wenn er zu Frieden und Eintracht aufruft. Ziel und Zweck der Regierung eines guten Fürsten soll allein die Wohlfahrt ihrer Bürger sein ohne Rücksicht auf den eigenen Vorteil. Die höchste Ehre unter ihnen soll den Kriegsverhinderern und Friedensstiftern zuteil werden. Als friedenssichernde Maßnahmen schlägt die Pax vor: Reduktion der Häufigkeit von Machtwechseln, Heiratspolitik nur innerhalb der Grenzen des Landes, Aufhebung der Aussicht auf Erbfolge, sofern Vermählungen über die Landesgrenzen hinaus erfolgen, Verbot der Veräußerung irgendeines Teils des Hoheitsgebietes, als wären freie Gemeinwesen bloß private Besitztümer. Die Fürsten sollten einmal definitiv die Grenzen ihrer Machtsphären anerkennen und sie durch keine Heirats- oder Bündnispolitik verändern. Sollte es doch einmal zu einem Krieg kommen, dürfte er nur mit der Zustimmung des Volkes in Angriff genommen werden. Im Konfliktfall gelte Toleranz, bisweilen muß zur Friedenserhaltung auch Geld eingesetzt werden. Der Klerus soll den Frieden predigen und sich gegen den Krieg verschwören. In keinem Fall dürfen die Priester an einem Krieg aktiv teilnehmen.

All diese Thesen gelten von den Kriegen, die Christen gegen Christen führen. Anders denkt die Pax von Verteidigungskriegen gegen Barbaren. Wenn Kriegführen »eine schicksalhafte Krankheit des menschlichen Geistes ist, wenn er es ohne Kriege schlechterdings nicht aushalten kann«, warum wendet sich dann diese destruktive Energie nicht gegen die Türken, die sich durch die Uneinigkeit unter den Christen in ihrem Aggressionswillen ermutigt fühlen? Wenn Krieg infolge eines artspezifischen Aggressionstriebes nicht vermieden werden kann, so »wäre ein Türkenkrieg fraglos ein kleineres Übel, als wenn Christen so gottlos im Schlachtgetümmel aufeinanderprallten«. Indessen sollten auch die Türken durch friedliche Mittel für die Religion Christi gewonnen werden. In der Löwener Ausgabe (B) steht als Warnung am Rande: »Ein Krieg gegen die Türken darf nicht leichtfertig unternommen werden.«

Der Frieden ist schon halb gesichert, wenn man ihn aus ganzem Herzen will, wenn man jede Gelegenheit beim Schopf packt, ihn zu stärken. Und noch einmal kommt die Pax auf den Gedanken zurück, wie aus lächerlichem Anlaß die größten Kriegstragödien entfacht werden, wie private Empfindlichkeiten die Fürsten der Welt ins Unglück stürzen und wie nationale Vorurteile von den Potentaten und ihren Gehilfen als Vorwand benutzt werden, um einen Krieg zu entfesseln. Über der Nationalität sollte doch das einigende Band des Menschseins und der Christuszusammengehörigkeit stehen. Es gilt, den »guten Blick« auf den Gegner zu pflegen, den positiv denkenden Sinn zu aktivieren. Ab und zu soll Unentschuldbares dem Schicksal oder einem bösen Dämon angelastet werden. Der Haß wäre dann von den Menschen weg auf eine abstrakte Macht abgeleitet. Doch noch einmal fragt die Friedensgöttin beinahe verbittert: »Warum setzen die Menschen ihren Verstand mehr zu ihrem Verderben ein als zur Erhaltung ihres Glücks? Warum haben sie mehr Augen für das Böse als für das Gute?« Pflicht aller Gutgesinnten ist es, immer wieder die Grundtatsachen aller Kriege einzuhämmern: Kriege entwikkeln eine Eigendynamik, die außer Kontrolle zu geraten pflegt und alle in den Strudel des Unglücks reißt. Dies unablässig aufzuzeigen kann am Ende doch eine positive Wirkung zeitigen. In einer eindrücklichen Gegenüberstellung werden die Vorteile des Friedens und die Nachteile des Krieges nachgerechnet. Auch eine rein rationale Argumentation – »rationem inire« heißt der Ausdruck – macht die Absurdität des Krieges evident. In krassen Bildern, die an einen Brueghel oder Bosch gemahnen, treten uns die Schrecken und Verheerungen des Krieges vor Augen. Der Krieg richtet auch in den Seelen der Kriegsteilnehmer unermeßlichen Schaden an, der nach Kriegsende weiterwirkt, ist doch die Hemmschwelle zum Töten in den blutigen Kämpfen drastisch herabgesetzt worden. Der finanzielle Aufwand für die Rüstung ist unsinnig, denn die dafür dem Volk abgepreßte Summe könnte besser für sinnvolle zivile Zwecke eingesetzt werden. Sub specie mortis sind alle Kriegsmotive lächerlich.

Die Christen sollten »eine Amnestie der früheren Missetaten« beschließen und in gemeinsamen Beratungen mit aller Kraft um den Frieden ringen. Die Pax ruft in einem feierlichen Schlußappell alle Verantwortungsträger auf, jetzt unverzüglich mit dem Frieden ernst zu machen. Jedermann soll sich am Friedensprozeß beteiligen, spricht doch alles für den Frieden: Die conditio humana, die Gemeinschaft in Christus und die Segnungen des Friedens. Freudig stellt die Pax fest, daß die Mächtigen der Zeit wie unter göttlicher Eingebung zum Frieden neigen: Papst Leo, der Friedensrufer, Franz I. aus Frankreich, Herzog Karl, der spätere Karl V., der deutsche Kaiser Maximilian und Heinrich VIII. aus England. Statt der bis anhin scheiternden Bündnis- und Heiratspolitik, statt Gewaltanwendung und Vergeltungsmaßnahmen sollen »Versöhnlichkeit und Güte« die bestimmenden Instrumente der Politik werden. Die menschlichen Bemühungen aber bedürfen der Inspiration durch den göttlichen Geist, wenn sie Erfolg haben wollen. Wenn das allgemeine Wohl sich gegenüber den privaten Begehrlichkeiten durchsetzt und sich so die Lebensumstände jedes einzelnen verbessern (»Wohlstand im Frieden und Frieden im Wohlstand«), wird auch die Würde der Fürsten erhöht.

Veraltet oder noch aktuell?

Das Überleben der Menschheit hängt heute von Faktoren ab, von denen Erasmus nichts wissen konnte. Soll der ökologische Kollaps verhindert werden, muß die Zahl der Menschen auf diesem Planeten zum mindesten stabilisiert, die Beanspruchung der Naturvorkommen, der Energieverbrauch und die Abfallerzeugung begrenzt und das Arsenal der Massenvernichtungswaffen, besonders der Atomwaffen, abgebaut werden. Selbstverständlich gehört eine gerechte Weltwirtschaftsordnung, die das planetarische Gesamtinteresse berücksichtigt und entschieden den Kampf gegen den Hunger, diesen »stillen Genozid« (Jean Ziegler), und gegen die Armut aufnimmt, zu den Voraussetzungen des Weltfriedens. Nach der im September 2000 verabschiedeten »Millenniumsdeklaration« der UNO lebt heute mehr als eine Milliarde unserer Mitmenschen unter »elenden und entwürdigenden Bedingungen«. Unabdingbar für den Frieden ist auch die gegenseitige Achtung der Weltreligionen unter Verzicht auf jeglichen Superioritätsanspruch. Ohne Zweifel hätte Erasmus mit seiner ihm eigenen Vernünftigkeit und seinem drängenden Temperament auf die Verwirklichung dieser Postulate energisch hingearbeitet.

Erasmus' Thesen zur Schaffung und Erhaltung des Friedens sind nun aber trotz der fundamental verschiedenen Komplexität der Probleme von einst und jetzt, die sich schon aus der ungeheuren Erweiterung des geographischen Raumes ergibt, in vielerlei Hinsicht noch immer und auf immer gültig. Was also aus der »Klage« könnte denn die Friedensreflexion unserer Zeit unterstützen? Thesenartig seien im folgenden einige Punkte genannt und hin und wieder mit Sätzen aus dem Briefwechsel zwischen Albert Einstein und Sigmund Freud aus dem Jahre 1932 und den Beschwörungen Isaac Asimovs aus einem Aufsatz von 1971 in Parallele gesetzt (Albert Einstein/Sigmund Freud: Warum Krieg? Ein Briefwechsel. Mit einem Essay von Isaac Asimov. Diogenes, Zürich 1996).

Der Frieden ist für Erasmus Voraussetzung von Prosperität. Wir sitzen alle im gleichen Boot, sind in physischer und geistiger Hinsicht von äußerst fragiler Konstitution. Der Frieden ist die Voraussetzung für das Überleben der Menschheit. (*Einstein: »Durch die Fortschritte der Technik ist diese Frage zu einer Existenzfrage für die zivilisierte Menschheit geworden.«*) Der Friedenswillen muß im einzelnen

Menschen seinen Anfang nehmen, alle sind aufgerufen, am Friedensprozeß teilzunehmen. In der Politik muß ein Paradigmenwechsel stattfinden: Statt Gewaltanwendung Toleranz, Wille zum Ausgleich und Versöhnungsbereitschaft. Erasmus fordert den Aufbau einer neuen friedlichen Weltordnung unter Bereinigung alter Konflikte in gemeinsamen Beratungen. (*Einstein: »Die Staaten schaffen eine legislative und gerichtliche Behörde zur Schlichtung aller zwischen ihnen entstehenden Konflikte. (...) Der Weg zur internationalen Sicherheit führt über den bedingungslosen Verzicht der Staaten auf einen Teil ihrer Handlungsfreiheit beziehungsweise Souveränität.«*) Die menschlichen Bemühungen bedürfen des Einbruchs des Geistes von außen. Die Kirche muß bei den Friedensbemühungen eine Vorreiterrolle spielen. Diese dürfen nie erlahmen, ausgehend von der Zuversicht, daß kontinuierliche Friedensarbeit Früchte trägt. Es sollen »erprobte Männer« zur Schlichtung von Konflikten eingesetzt werden. Die Folgen der Kriege hat in erster Linie die Zivilbevölkerung zu tragen. Krieg stellt die äußerste Entwürdigung des Menschen dar. Erasmus zeigt die häßliche Fratze des Krieges. (*Freud: »Es scheint, daß die ästhetischen Erniedrigungen des Krieges nicht viel weniger Anteil an unserer Auflehnung haben als seine Grausamkeiten.«*) Wenn schon Krieg, dann nur im

Interesse des Volkes, damit eo ipso nur Verteidigungskrieg. Der Abbau nationaler Vorurteile ist absolute Pflicht. (*Asimov: »Die Welt ist zu klein für jenen Patriotismus, der zu Kriegen führt.«*) Die Unsummen, die für die Rüstungsindustrie aufgewendet werden, würden sinnvoller für zivile Zwecke eingesetzt. (*Einstein: »Was für eine Welt könnten wir bauen, wenn wir die Kräfte, die ein Krieg entfesselt, für den Aufbau einsetzten.«*) Die Sicht des Erasmus auf den Menschen ist tief pessimistisch, sie wird durch den Optimismus des letzten Kapitels nicht aufgehoben. Er hat erkannt, daß im Menschen destruktive statt konstruktive, nekrophile statt biophile und misanthropische statt philanthropische Kräfte wirken. (*Einstein: »Im Menschen lebt ein Bedürfnis zu hassen und zu vernichten. Diese Anlage ist in gewöhnlichen Zeiten latent vorhanden. (...) Sie kann aber leicht geweckt und zur Massenpsychose gesteigert werden. (...) Gibt es eine Möglichkeit, die psychische Entwicklung der Menschen so zu leiten, daß sie den Psychosen des Hasses und des Vernichtens gegenüber widerstandsfähiger werden?«*).

Erasmus leitet seine Friedensargumente aus zwei Quellen her, aus der menschlichen Vernunft und dem Glauben. Während uns die rationalen Argumentationen zur Kriegsvermeidung auch heute einleuchten, sind die aus den Geboten Christi im Evangelium und aus der Sakramentenlehre gewonnenen Begründungen der erasmischen Friedens-Utopie für einen großen Teil der Menschheit trotz unbestrittener Gültigkeit nicht der explizit bestimmende Maßstab. Es mag sein, daß Erasmus als später Nachfahre des Sokrates in seinem Vertrauen auf die Vernunft allzusehr an die Lehr- und Lernbarkeit des Sittlichen glaubte, daß ihm die Einsicht in die politischen Realitäten und die Mechanismen der Macht sowie der Sinn für das Irrationale in den geschichtlichen Prozessen nicht in ausreichendem Maße zu Gebote standen. Sein Kerngedanke indes ist nach wie vor gültig: Es kann auf Dauer keinen Frieden geben ohne eine grundlegende geistig-sittliche Erneuerung der Menschheit. Ihren Anfang muß sie im Herzen jedes einzelnen Menschen nehmen.

Kurt Steinmann

LITERATURHINWEISE

Für gewöhnlich richten sich Zitate wie Übersetzungen nach der *Leidener Ausgabe* (LB), die 1703-1706 unter dem Titel »Opera Omnia« erschienen ist. Die hier vorliegende Übersetzung folgt der Amsterdamer Ausgabe ASD IV, 2 (1977), die nicht auf der Basler Ausgabe von 1529 beruht (U), sondern hauptsächlich auf der *editio princeps* (A) von 1517 und der Löwener Edition (B) von 1518 mit den von ihr abhängigen Ausgaben. U zeigt gegenüber der editio princeps etwa 50 stilistische und sachliche Änderungen.

Lateinischer Text:

Opera Omnia Desiderii Erasmi Roterodami recognita et adnotatione critica instructa notisque illustrata. Ordinis Quarti Tomus Secundus. Querela Pacis ed. O. Herding. Amsterdam – Oxford 1977.

Übersetzungen und zweisprachige Ausgaben:

von Arx, Arthur: Erasmus von Rotterdam. Klage des Friedens. Basel 1945 (Sammlung Klosterberg).

Christian, Gertraud: Erasmus von Rotterdam. Querela Pacis / Die Klage des Friedens. Darmstadt 1968. Band 5 der ausgewählten Schriften in acht Bänden. Lateinisch und Deutsch. Hrsg. von W. Welzig.

Hannemann, Brigitte: Erasmus von Rotterdam. Die Klage des Friedens. München 1984.

Liechtenhan, R.: Erasmus von Rotterdams Klage des Friedens. Bern/ Leipzig 1934.

Émile V. Telle (éd.): La Complainte de la paix [1525]. Traduite du latin par le Chevalier de Berquin. Genève 1978.

Ausgewählte Darstellungen:

Erasmus von Rotterdam, Vorkämpfer für Frieden und Toleranz. Katalog des Historischen Museums Basel. Basel 1986 (Ausstellung zum 450. Todestag des Erasmus von Rotterdam, veranstaltet vom Historischen Museum Basel).

Augustijn, C.: Erasmus von Rotterdam. Leben, Werk, Wirkung. Übers. von M. E. Baumer. München 1986.

Bainton, R.H.: Erasmus. Reformer zwischen den Fronten. Übers. von E. Langerbeck. Göttingen 1972.

Buck, H.: Humanismus. Freiburg im Breisgau 1987.

Delcourt, M.: Érasme. Brüssel 1986.

Eckert, W. P.: Erasmus von Rotterdam. Werk und Wirkung. 2 Bde. Köln 1967.

Gail, A.J.: Erasmus von Rotterdam. Mit Selbstzeugnissen und Bilddokumenten. Reinbek bei Hamburg 1974.

Halkin, L.-E.: Erasmus von Rotterdam. Eine Biographie. Übers. von E. Heinemann. Zürich 1989.

Huizinga, J.: Erasmus. Übers. von W. Kaegi. Basel 1928 (Neudruck 1988).

Schultz, U.: Erasmus von Rotterdam. Der Fürst der Humanisten. Ein biographisches Lesebuch. München 1998.

Stupperich, R.: Erasmus von Rotterdam und seine Welt. Berlin-New York 1977.

Zweig, St.: Triumph und Tragik des Erasmus von Rotterdam. Frankfurt a. M. 1981 (Erstausgabe: Wien 1938).

Spezialdarstellungen zur »Klage«:

Die Literatur bis 1977 ist gut verzeichnet in der Amsterdamer Augabe S. 22 ff.

Bainton, R. H.: The Querela Pacis of Erasmus, Classical and Christian Sources. Archiv für Religionsgeschichte [ARG] 42 (1951), pp. 32-48.

Brachin, P.: Vox clamantis in deserto, Réflexions sur le pacifisme d'Erasme. In : Colloquia Turonensia I. Paris 1972.

Chapiro, J.: Erasmus and our struggle for Peace. Boston 1950.

Constantinescu-Bagdat, E.: La «Querela Pacis» d'Érasme (1517). Paris 1924 (Études d'histoire pacifiste I).

Diesner, H.-J.: Stimmen zu Krieg und Frieden im Renaissance-Humanismus. Göttingen 1990.

Dust, Philip C.: Three Renaissance pacifists. Essays in the theories of Erasmus, More and Vives. New York 1987.

Halkin, L. E.: Erasme, la guerre et la paix. In: La revue nouvelle 50 (1969).

Margolin, J.-C.: Guerre et paix dans la pensée d' Erasme. Paris 1973.

Pfeiffer, R.: Humanitas Erasmiana. Leipzig 1931 (Studien Bibl. Warburg, 22).

Rapoport, A.: Ursprünge der Gewalt: Ansätze zur Konfliktforschung. Aus dem Englischen übersetzt von G. Schwarz. Darmstadt 1990.

Rogge, J.: Zwingli und Erasmus. Stuttgart 1962.

von Raumer, K.: Ewiger Friede. Friedensrufe und Friedenspläne seit der Renaissance. Freiburg/München 1953 (Orbis Academicus).

Santoro, M.: Pace e guerra nel pensiero di Erasmo. Giornale italiano di filologia VI (1953).

Schwarz, M.: Krieg und Frieden bei Erasmus von Rotterdam. In: Festgabe für W. Hausenstein. München 1952, S. 220-226.

Sperna Weiland, J. (ed.): Erasmus von Rotterdam. Die Aktualität seines Denkens. Hamburg 1988.

Thompson, C. R.: Erasmus as Internationalist and Cosmopolitan. ARG 46 (1955).

Thürlemann, I.: Erasmus von Rotterdam und Joannes Ludovicus Vives als Pazifisten. Diss. Freiburg i.Ue. 1932.

Tracy, James D.: The politics of Erasmus. A pacifist intellectual and his political milieu. Toronto 1978.

Wollgast, S. (Hg.): Zur Friedensidee in der Reformationszeit. Texte von Erasmus, Paracelsus, Franck. Berlin 1968.

Konflikte lösen – mit Strategie

Konflikte durchziehen den Alltag und nahezu alle Bereiche des privaten und beruflichen Lebens. Sie lassen sich am besten lösen, wenn man überlegt vorgeht. Sunzi, erfolgreicher Militärstratege, beschrieb schon vor 2500 Jahren die Mechanismen der Konfliktlösung durch strategisches Handeln. Bis heute ist *Die Kunst des Krieges* das weltweit einflußreichste Handbuch zur Bewältigung verschiedenster Konfliktsituationen. Napoleon soll sie ebenso studiert haben wie Mao Tse-tung, und noch in Zeiten des globalen politischen und wirtschaftlichen Wettbewerbs berufen sich viele auf die hier beschriebenen Strategien.
Die einzige vollständige Übersetzung aus dem chinesischen Urtext, die auch die jüngsten archäologischen Funde von Pergamenten berücksichtigt.

Sunzi, Die Kunst des Krieges. Aus dem Chinesischen übersetzt und mit einem Nachwort versehen von Volker Klöpsch. insel taschenbuch 4061. 135 Seiten

NF 112/1/11.11

Einer der bedeutendsten strategischen Denker

Seit seinem zwölften Lebensjahr war Carl von Clausewitz (1780-1831) Soldat in der preußischen Armee. Er nahm an den Napoleonischen Kriegen teil und beschäftigte sich als Direktor der Allgemeinen Kriegsschule theoretisch mit dem Kriegshandwerk. Wie kein Zweiter hat sich Clausewitz mit dem Phänomen Krieg auch philosophisch auseinandergesetzt. »Krieg«, so Clausewitz, »ist die Fortsetzung der Politik mit anderen Mitteln.«
Im Besonderen beschäftigte ihn die Frage der Entscheidungsfindung, die er im Hinblick auf das Kriegshandwerk zu beantworten suchte. Sein Rat, alle möglichen Szenarien »durchzuspielen« und erst im Anschluss daran zu einer langfristigen Strategie zu gelangen, lässt sich für alle weitreichenden Entscheidungen nutzbar machen. Kennzeichen einer solchen langfristigen Strategie nach Clausewitz ist der Verzicht auf die vollständige Beseitigung von Zweifeln zugunsten einer Entscheidungsfindung unter bewusster Berücksichtigung nicht kalkulierbarer Ereignisse.

Carl von Clausewitz, Vom Kriege. Mit einem Nachwort von Fredmund Malik. insel taschenbuch 3087. 503 Seiten

NF 609/1/6.24

»Die Untersuchung des glücklichen Lebens ist der einzige Gegenstand, den sich die Philosophie zum Zweck und Ziel setzen muß.«
Cicero

Die praktische Lebensphilosophie des römischen Stoikers Seneca ist in der Hektik unserer Zeit ganz besonders aktuell. Seneca gibt ihm eine ganz modern anmutende Analyse des der Seelenruhe entgegengesetzten Zustandes, der Unzufriedenheit mit sich selbst, sowie therapeutische Ratschläge zur Herstellung des inneren Gleichgewichts. Trotz seines Ideals von der Seelenruhe fordert er nicht etwa auf zum Rückzug ins Privatleben, sondern weiterhin zum Wirken für die Allgemeinheit. Dieser Band enthält neben Senecas um 60 n. Chr. entstandenem Text mit dem programmatischen Titel »Vom glücklichen Leben« weitere zentrale Schriften des Philosophen: *Über die Milde*, *Von der Seelenruhe*, *Über die Muße*.

Seneca, Vom glücklichen Leben. Philosophische Schriften. Herausgegeben und aus dem Lateinischen übertragen von Heinz Berthold. insel taschenbuch 3397. 160 Seiten

NF 610/1/6.24

Wie man ein glückliches Leben führt

»Verlange nicht, dass alles so geschieht, wie Du es wünschest, sondern wolle, dass alles so geschieht, wie es geschieht, und es wird Dir gut gehen.«
Wege zum glücklichen Handeln? Die praxisorientierte Philosophie Epiktets (um 50-138 n. Chr.) gibt uns Antworten, klar und eindeutig, verständlich und nachvollziehbar. In seiner zeitlos gültigen Anleitung zu einer klugen und richtigen Lebensführung zeigt er, wie ein jeder zu Gelassenheit, Seelenruhe und wahrer innerer Freiheit finden kann.

Epiktet, Wege zum glücklichen Handeln. Aus dem Griechischen von Wilhelm Capelle. insel taschenbuch 1458. 220 Seiten.

NF 606/1/6.24

Als Mensch zu Menschen sprechen

Die *Essais* des Montaigne sind ein Buch ganz eigener Art. Seit ihrem Erscheinen 1580 haben sie nicht aufgehört, Generationen von Lesern zu beschäftigen, teils Widerspruch, teils Enthusiasmus hervorrufend.
Montaigne erscheint bis in die eingestandenen Eitelkeiten hinein als vollkommen menschlich und vor allem ehrlich: Er scheint nichts zu verbergen, er will sich nicht gelehrt geben, kein Philosoph sein, kein bedeutender Politiker. Er will sein eigenes, anspruchsloses Porträt vorlegen, und - und das ist eben das Neue an diesem Unternehmen – er tut dies nicht in der Form der Memoiren, des erinnerten Lebenslaufs, sondern in der Beschäftigung mit zahllosen, scheinbar willkürlich ausgewählten Gegenständen.

Michel de Montaigne, Essais. Herausgegeben und mit einem Nachwort von Ralph-Rainer Wuthenow. insel taschenbuch 2814. 306 Seiten.

NF 607/1/6.24

NF 159 / 1 / 9.12